Super Output!

黃金輸出術

將輸入的資訊轉爲「金錢」的輸出術！

成毛眞／著
Naruke Makoto
黃詩婷／譯

八方出版

序

位於西班牙巴斯克自治區的多若斯迪亞，以美食之都聞名。老街上到處都是餐酒店，店內擺滿一整排令人能大飽眼福及口福的各類串式下酒菜。

當中有一款使用了看似非常美味的海膽做成的下酒菜，因此我老是想著究竟在這裡是怎麼稱呼海膽的呢？店主雖然被我這麼一問，也略顯驚訝地說出「海膽？」。除此之外，不管是當地人或者觀光客，大家都會隨興抓起下酒菜、喝乾手上玻璃杯中那名為查科莉的微發泡白酒。這就是多若斯迪亞夜晚的樂趣。

為何多若斯迪亞會以美食之都的姿態繁榮興盛呢？

那是因為聚集在此的許多人，都無法只靠著專家提供的輸入資料，就感到滿足。

多若斯迪亞有好幾個被稱為「美食俱樂部」的團體。他們並非料理專家，但會一起下廚、享受著做出料理的輸出樂趣。

他們會成為夥伴一起做料理，據說是為了要分享那些無法個人擁有的廚房器具，比方大型烤箱等。

無論如何，這些無法滿足於只進行輸入的人們，透過了輸出工作，肯定也對文化的形成有所貢獻。當中應該也有人經由這些活動，最後成為專業料理人士吧。

另一方面，也有些人對於專家提供的餐飲感到非常滿足，然後就陷入不再思考的境地。

這種人就會拍攝餐廳端出來的盤子、不斷增加手機相本裡的照片、又或者是上傳到 SNS 上。但這些行為，實在令人感受不到生產性。

將外食的照片放到 SNS 上，只不過是一種紀錄、也可以說只是自豪罷了。

從這種境界跨出一步，將專家的餐點作為一種輸入，然後計畫自己輸出相同的東西、或者有些不一樣的東西，那麼輸入的資訊所代表的意義也會有所改變。

原先只是看起來美麗又好吃的料理，也會變得以另一種目光來看待，這是使用什麼樣的材料、怎麼處理、如何烹調、又怎麼搭配以後才完成的。與此同時，從相同一盤餐點所能獲得的資訊量、以及資訊品質都會提升。

我最近打算和朋友們設立一個美食俱樂部。

雖然盤算著要輸出，一開始也許會對於自己不善料理的慘況感到絕望，但也很可能會感受到比預料中還要有趣的情況。而持續做下去的話，一定會有所進步，這樣一來，輸出也會變得比較快樂。因此就會更加進步，甚至可能進一步發展為事業。

以結果來說，和那些只拍攝輸入用的照片、然後把餐點丟進胃裡的人相比，有著極大的不同。

如果以輸出為前提，那麼就連輸入都會有偌大轉變。而這當然不是單純指料理方面。

現代所有輸入工作，都可以說是共通的。

現今社會中，不斷收集資訊、多多學習、累積知識教養便感到滿足，這樣的作為已經沒有用了。

應該要思考該如何將獲得的資訊發出去、將其化為自己的內涵、轉變為有價值的東西，或者說得更容易明白些，該如何轉變為「金錢」。

如果能夠將這個想法放在心上，輸出更加良好的內容，那麼也能夠磨練感性、萌發創意、拓展人脈、提升評價，同時也會有一定的成果。這樣一來也會有更多資訊往自己匯集而來。

本書當中整理出能夠用來作為基礎的思考模式及技巧，雖然書名《Super Output! 黃金輸出術》感覺很誇張，但我希望讀者們能夠明白這些習慣、規則有多麼重要。

之後在正文當中也會提到，有意識地進行輸出的商務人士非常少。以我的感受來說，大概連整體的0.1％都不到。這表示你只要做了輸出，就能夠與壓倒性大量的他人拉出差距。

話雖如此，我並沒有寫一些很困難的事情，只要想做，應該任何人都辦得到。但是大多數人都沒有在執行「輸出」，或者做得並不徹底。

正因如此，如果能夠好好將輸出這件事情融入人生當中，其他不明就裡的人會感到非常不可思議：「這個人和我不太一樣呢」；甚至可能會非常羨慕地認為「他怎麼好像都很順利，真狡猾」。

這個時代AI非常發達，因此「工作方式」也將逐漸產生變革，將「輸出」一事放在心上，才是能夠做出成果與結果的「黃金法則」。

將輸出放在心上，並且實際執行輸出，就能夠從只進行輸入的大眾當中脫穎而出。如果想當個平凡的大眾人，那麼我就不推薦你執行輸出了。

自己發出資訊，同時又會獲得新資訊。而你必須做的，就是重複這個步驟。

只執行輸入的時代已經結束了。

今後只有能將獲得的知識及資訊化為有形之物的人，才能存活下去。

書已經念夠了。好啦，接下來就好好地將吞下去的東西都吐出來吧！

2018年3月

成毛　真

Super Output! 黃金輸出術／目錄

第2章

書寫輸出最為輕鬆
寫了就會變成金錢！

第3章　越做會越順手！說話輸出術
說服、簡報、閒聊的訣竅

第4章 操作印象的「外觀」輸出術

戰略性視覺樣貌建議

第5章 要輸入就輸入「技巧方法」而非「知識」

潛藏於日常中的優良輸入來源

第6章 將輸出高級化的對話術 從今天起也能提升溝通能力！

第1章

輸出時代來臨
輸入時代已經結束了！

日本的大人輸出不足

日本的大人實在非常欠缺輸出。大家都只有在幫自己做輸入。

在職場等處環視眾人，能看到大家都對於輸入躍躍欲試、非常有熱誠；但相對來說，這不就顯見都是些輸出不足的人嗎？

輸出不足的人沒有魅力。其他人並不懂這個人在想什麼。

這是理所當然的。因為要將「一個人在想什麼」表現出來，也是一種輸出。周遭之人對於一個無法理解他在想什麼的人，不會抱持關心及好感，甚至可能會感受到恐懼。就算這個人非常認真且有正義感、非常博愛且在假日仍努力做義工、或是看到有困難的人就忍不住伸出手幫助對方，也不會改變這種情況。

輸出不足只會造成損失。

就算腦袋裡明白這件事情，仍然有些人對於要輸出感到非常棘手。理由非常簡單，因為這些人不習慣輸出。

自從政府提出寬鬆教育[1]政策後，國中小學及高中都會敦促學生主動學習。在教室裡不會只有教師單方面授予學生知識，有越來越多課程是讓學生發表自己的想法。

因此，年輕人變得越來越習慣輸出。一般認為現今是少子且高齡的時代，卻有許多被稱為網紅的年輕人大為活躍，想必這是他們所受的教育帶來的影響。

但是，若受的教育是在寬鬆教育以前，也就是偏重於必須名列前茅的填鴨式教育，那些被教導應該大量輸入的世代，約莫是目前35歲以上的人，當中有許多是**只擅長輸入**的。

有很多人喜歡念書、知識增加就覺得非常開心，以往也有把這些人視作比較優秀的傾向。

1　寬鬆教育為日本在 1980～2010 年左右，政府訂立的教育目標方針統稱。相對於早期填鴨式教育重視知識量，寬鬆教育較注重鍛鍊思考能力。

但是，這樣給別人的印象就會停留在「不明白他在想什麼，有點可怕」。

如果你覺得自己容易遭受誤解、周遭的人並沒有正確理解自己的話，那麼就有可能是因為你輸出不足。

然而隨後踏進社會的主動學習世代，他們已經具備輸出能力。要是兩手空空不帶武器，別說是他們會馬上與你並駕齊驅、甚至很快就會超越你，而你連他們的影子都看不見了。

如果不想變成那樣，現在開始也不遲，應該盡快提升輸出能力、增加輸出量。

不，應該說立即增加輸出量、然後提升輸出能力才對。因為輸出這件事情，是會在重複執行之後磨練出技術的。

日本的大人輸出不足的主要原因，出在過去的教育制度上。還是趕緊強化自己的輸出能力吧。

不會被AI取代的工作，正是編輯後輸出

當今蔚為流行的話題之一，就是有哪些工作會被AI取代，而哪些不會。

容易被取代的工作，舉例來說有會計監察委員、行政事務人員、銀行窗口、水電抄表人員、測量員、電力通訊技術人員、貿易事務人員、保險事務人員等等。

另一方面，不容易被取代的工作，則有導演、編輯、醫師、攝影師、教師等等。

會被取代及不會被取代之間的差異，已經有許多地方都討論過。簡單來說，就是人類在接受輸入以後，經過自身重新編輯再行輸出的工作，不容易被取代。

也許有人覺得，那麼銀行窗口的工作應該不會被取代啊？但實際上他們的工作是屬於處理，而非編輯。

所謂處理，是根據一定的規範來執行某些動作；而編輯則是根據一定的規範，然後連同接收結果的單位也放進來考量以後，才執行輸出。

如果銀行窗口會向客人提出「以你的情況來說，將10萬元換成1萬元的5張、１０００圓的50張會比較好喔」；又或者是「如果您是要發零用錢，那麼要不要使用比較少見的２０００圓鈔呢？」那麼他們的工作應該就沒有那麼容易被取代。因為這種情況是經過編輯的。

但如果像現在這樣，看了客人寫的文件以後完全照樣輸入、然後將一樣內容的現金交給對方，那麼在所有人眼裡看來，這都是一件交給機器會更加正確又快速的工作。如果只會做出單純反應、手續費也比ATM來得高，那還不如趕快用AI將這些工作都取而代之，對使用者來說還比較值得感激。

另一方面，能夠向客人提出建言的銀行窗口，已經超越給予反應，而是理解客人輸入的東西以後，做到能夠提出較佳輸出內容的範疇。這已經可以說是顧問了。

當然，不會被AI取代的工作清單當中，也包含了顧問。

SNS時代為必須發出訊號的時代

日本有句廣告詞是「男人就應當閉嘴　乾了那札幌啤酒」。這是昭和時代的名演員，三船敏郎演出的啤酒電視廣告中的台詞。

這個廣告，可以說就是建立在沉默是金、雄辯是銀的價值觀上。

但現在可不是「男人就應當閉嘴」的時代。

甚至可以說無論男女老少，都被要求應該要雄辯。理由不在話下，自然是因為有了SNS。

我想應該所有人都在網路上買過東西吧。

你是否也曾經在某個購物網站上搜尋、卻找不到想像中的那種東西，因而覺得這個世界上也許並沒有那種東西呢？

這就表示對於在那個購物網站上買東西的人來說，不存在於該購物網站當中的東西，就等於是不存在的。就算在其他購物網站上有那樣東西，只看一個購物網站的人也不會發現那項商品的存在。就算那項商品在家附近的超商裡堆積如山，不走進去的人就不會知道這件事實。

這表示那項商品的對外表現不足。

也許該商品其實在宣傳方面花費了大筆金錢，但這對於只看一個購物網站的人來說，就等於沒有任何宣傳。

人際關係也是如此。對於那些經常接觸自己、頻繁來訪的人，我們很難忘掉他們。日本過往有些被稱為三河屋的零售酒商，他們的業務人員會走訪家家戶戶詢問是否有商品需求，這就是為了向客戶們展示自己的存在。

時代已經從昭和轉為令和，而且還會繼續轉變下去，但對於完全不使用 SNS 來對外展現自己的人，就等於不存在 SNS 當中。

而對於像我這種會使用 SNS 活動的人來說，那些沒有使用 SNS 的人，就等於不存在這個世界上。

幾乎不存在這個世界上的人，怎麼可能會有人去找他說話、邀請他參加企劃、或者打算成為他的夥伴呢？

如果堅持「男人就該閉嘴」，自然就會被周遭遺忘、放棄。

而且札幌啤酒自己可沒有閉嘴。

他們可是到處使用「男人就應當閉嘴　乾了那札幌啤酒」大肆宣傳；三船敏郎本人雖然也給人沉默的印象，但他可是個演員，是使用自己身體來進行輸出的專家。

現今仍有一小部分演藝人員等，雖然並未使用 SNS 卻還是非常受歡迎，但那真的是少數中的少數、菁英中的菁英才能辦到的，並非其他演藝人員或甚至一般人可以做到的事情。

如果有自覺自己只是普通人，而且似乎快被淹沒、甚至快要從一般人這個目錄被踢出的話，那麼就必須要用 SNS 發出訊息。

若不執行輸出，會太晚發掘才能

有個名為堀江貴文[1]的男人。

我想已經不需要向大家多做說明。他所做的事情多到幾乎讓人無法分辨他的正職到底是什麼。他經手宇宙開發工程、醫療相關活動、自己挑戰料理、偶爾也當搞笑藝人，絲毫不吝於輸出。簡直就像是不游泳就會死去的魚兒一般，拼了命地在輸出。

但實際上堀江並非只做輸出。他見過的人多到令人驚訝、聽許多人說各式各樣的事情。他的輸入量也非常龐大。

而這些龐大的輸入內容，他以比普通人更加高性能的頭腦來處理過後，造就了龐大的輸出量。

對於輸出感到束手無策的人當中，有些人會將理由歸咎於不習慣輸出。

但說老實話，如果覺得這樣就可以拿來當作不輸出的理由，那麼一輩子不管發生了什麼事情，輸出能力都不會提升。

不習慣輸出的人，說起來就像是不太會滑雪的人一樣。

要習慣滑雪、要滑得好就只能盡量去滑到會為止，但如果因為不太會滑，就連滑雪場都不去，那麼永遠都不可能滑得好。

不習慣輸出的人，也可以說就是剛拿到駕照的初學者駕駛。

雖然已經在駕訓班上過道路駕駛課程，但仍然害怕會發生意外，所以根本不想上車。這樣一直逃避現實，久而久之就會忘記道路駕駛課程時的感覺、越來越害怕發生意外，當然就不可能習慣開車上路，最終成為紙上駕駛。

1 堀江貴文，日本一名企業家／投資家／作者／網紅。曾為日本新興入口網站 Livedoor 的執行長，卻因併購問題入監。2013 年假釋後回歸社會。

不習慣輸出的人，又像是嘴上老掛著想說英文、卻又不開口說的人。

大家都在國高中六年輸入了英文。明明輸入了那麼多，應該不會有人完全無法輸出才對。更何況當中還有人上了大學。

但是有些人卻害怕文法錯誤、發音奇怪等等，因此盡可能避免讓自己開口說英文。而偏偏就是這種人，會把自己的英文能力問題看得非常嚴重，他們會買大量的教科書、去英語會話學校以大筆金錢「做功德」。就連買來的教科書可能也不曾讀過、就放在一邊，這連輸入都沒做到。撇開這些不談，我們實在無法想像這種人將來英文能夠好到什麼程度。

如果不輸出，輸出能力就不會變強。

另外，不輸出的話，就很難發現輸出的才能。

不管是滑雪或者開車，大家所受的教育都是一樣的，但卻有人在這些事情上特別在行。而他如果沒有做這些事情，就不可能有人發現他擅長。就算是有天才般的滑雪指導老師，他也沒有辦法從完全沒滑雪的人當中找出具備滑雪才能的人。

就算是F1賽車好手、又或者是受人崇敬的高超駕駛員，他們也絕不可能對著沒開過車的人說：「你有開車的才能」。如果竟然有人這樣對沒開過車子的人說話，那想必他並不是受歡迎的車手，只是個喜歡預言的人罷了。

如果一直不輸出，就表示你不斷錯失可能存在的才能。

更加重要的是，就算已經具備滑雪的能力，這件事情也和是否有開車的才能毫無關聯。就算不具某項特定的輸出才能，這和是否具備其他輸出能力是完全無關的。

不會游泳的棒球選手、不擅長打球的長距離跑者一點也不少見。雖然音樂與數學性質的才能、科技的能力與寫散文的感性會讓人覺得似乎有些相關，但這件事情我們姑且先放在一邊。

即使是英文，只要試著開口說出來，就會因為被稱讚「好厲害喔」而有了自信、也能越說越好。輸出這件事情，本身就是獲得能力自信的機會。

才能是由他人決定的

放眼望去隨意瀏覽 SNS，會發現一些很能使自己深思的文章、令人眼睛為之一亮的照片、讓人目不轉睛的影片等等，有許多他人很棒的輸出成果。

相較之下，自己的文章、照片、影片怎麼會看起來這麼糟糕呢？其實你完全沒有必要這樣失落。

理由有兩個。

首先，會在 SNS 上廣為擴散的，是有許多人評價良好的東西，也就是說，都是一些大家認為「這個很棒」的東西，所以當然都是看起來很好、能夠打動人心的東西。

相較之下自己輸出的實在……會這樣煩惱，根本就是感嘆自己跑得不如尤塞恩．博爾特[1]或者桐生祥秀[2]快。實在是沒有必要。

另外，也不要忘記，有很多人根本就沒有在做輸出。大多數的人都只進行輸入工作。完全只執行輸入的人，只會評論其他人輸出的東西是好是壞、喜歡或者討厭，並不會自己輸出。明明自己連說的勇氣也沒有，卻批評《正宗哥吉拉》電影當中石原聰美的英文說得不好，根本就只是局外人的意見。

如果只進行輸入的人有1萬人，那麼以我的感受來說，有在執行輸出的大約連10人都不到。就連在SNS上，有在做輸出的人也是那麼一些而已。大多數的人就連個「讚」都不按，只是睜睜望著時間軸罷了。理由就是輸出其實需要動力。在不知不覺中一直輸入很容易陷入資訊過多的情況，結果不知不覺間也就不會執行輸出。如果沒有想著要輸出的話，是辦不到這件事情的。

因此，首先就是要下定決心輸出，並且去執行就可以了。就算輸出的東西無法達到自己滿意的程度，那也比成千上百只做了輸入的眾人來得有創造性。

1　尤塞恩·博爾特（Usain St. Leo Bolt），牙買加前男子短跑運動員，男子100公尺、男子200公尺以及男子4×100公尺接力的世界紀錄保持者，同時是以上三項賽事的奧運金牌得主。

2　桐生祥秀，日本短跑運動員。

就算和０相對而言沒有達到１００、甚至連1都不到，至少也有個0.1。而０和0.1之間的距離，可是比0.1與１００之間遠了非常多。

那麼若問0.1的人是否只要努力，總有一天會成為１００呢？很遺憾，這並不是一定的。

並不是所有人只要練習之後，就能夠在９秒內跑完百米；就和這道理一樣，非常殘酷的，與生俱來的個人才能差異確實存在。

但是，光是看著別人跑百米的人、和實際上去跑的人之間，有著難以跨越的鴻溝。

而且，不試著跑跑看、不讓別人看看自己，就不會知道自己有沒有才能。畢竟人類其實不很了解自己。

某個國家的總統，振振有詞主張自己是精神穩定的天才，這件事情還令人記憶猶新。

很顯然自我評價與他人評價有著非常大的落差。關於才能方面，應該盡可能以他人的目光、而且要盡量讓多數人來評斷比較好。

另外，這本書主要提到的文章、以及話術這類輸出工作，和運動或者藝術等相比，受到才能的影響比較小。是在某種程度的反覆練習之後，比較容易熟練的輸出工作。

因此，試著去做還是比不動來得好。

輸出要在公開的場合

輸出要熟練只能靠持續輸出，而種類繁多的輸出形式如文章、話術、影片、繪畫、音樂、舞蹈等等，你具備哪個方面的輸出才能、又或者是哪方面有進展空間等，還是得要試過才會知道。

如同我前面所提的，如果有個被認為具備音樂和數學才能的人，他並沒有挑戰音樂或數學的話，才能可能就此埋沒。也許他甚至曾經挑戰過雕刻，結果就放棄了。總之被認為多才多藝的人，也可以說是因為他們挑戰了許多事情，然後發現具備當中的幾樣才能。而多半大家也只會提比較熟練的東西。

那麼，該如何發現有哪些才能呢？這通常還是需要其他人來告訴你。

「成毛先生，我覺得你很～呢！」這種其他人點出的事情，通常也會引發自己非常驚訝的感受，「唉呀，原來你是這樣看我的啊。」

換句話說，其實自己並不了解自己。

自己是什麼樣的人、看起來如何、哪些地方比其他人優秀，這些事情很意外地，在其他人眼中比較容易看清事實。

由於以上因素，輸出最好能夠在一個可以獲得回饋的地方進行。也就是公開場合。

應該要嘗試別在私人滑雪場而是去公開滑雪場滑雪；別在私有地上而在國

道上開車；文章不要寫在日記上而是寫在 SNS 上。

一開始，大多數情況是沒有反應。

除非有非常多追隨者，否則最好先預設會沒有半個反應比較好。不過，有時候可能會有一點回應。比方說，投稿到臉書上的話，可能有時候會有人按讚，有時候並沒有。

如果有人按了「讚！」，那麼就表示該主題的表現受到正面評價。

請把這當成是一種稱讚。下次也可以依循這個路線，試著尋找是否有能夠獲得新的「讚！」的主題或者表現方式。

從外界獲得的回饋，就是用來讓自己輸出能力變熟練的最佳助手。

如果持續在公開場合輸出，非常不可思議地，不知何時就會開始意識到「客人」的存在。一開始是非常在意他們的反應本身，但慢慢就會注意到存在於反應之後的人們。

這樣一來，就會對於選擇主題以及表現手法更加留心。等到不單純是為了讓按讚符號旁的數字增加，而是覺得能夠打動不知在何方的某個人的心靈非常有趣的時候，就表示已經很習慣輸出，應該也變得比較擅長了。

附和並非輸出，只是反應

關於「讚！」這件事情，繼續說下去的話，我就必須告訴你，光是按「讚！」並不能稱為輸出。

按下「讚！」按鈕、或者是用觸控的也一樣，這只不過是對某人的輸出表達贊同。以一般的對話來說，大概就是附和或者幫腔之類的情況，只不過是幫某人的輸出錦上添花罷了。

就算把附和及幫腔的言詞都列出來，也讓人感覺不到任何創造性。彷彿對著某個人做出來的宣傳資料說「這不錯啊？」連做宣傳資料的邊都及不上。

對於某個人的發言提出意見，也很難說是輸出。

再怎麼說，提出意見很少經歷完整的流程，也就是包含找出一個主題、決定以該主題為重心，並且思考應該要如何表現。

尤其是提反對意見，實在非常輕鬆又不必負責。只要擺出一副架子，緊咬著那個好像沒人提就不會有人發現的主題。又像是被「請提出反對意見」這句話給逼出來的發言，並不具主體性。沒有原創性也沒有創造性。

附和或者幫腔之類的，甚至是意見，也都只是一種反應。而反應並非輸出。

相對的，輸出當然也不是反應，而是動作。是由自己發起以後，帶出某個人反應的契機。

有些人為了提升自己的表達能力，會試著去看搞笑節目。先不談這究竟有沒有效果，但此時看的搞笑節目，必須是漫才或脫口秀類的才行。絕對不可以參考那些在綜藝節目上彷彿洋娃娃坐成好幾排的搞笑藝人。

他們的反應表演也許是真的很棒。但如此一來，就只能學習到很棒的反應方式。

而且想從電視上輕易獲得輸入、學習，這種態度本身就是錯誤的。電視節目必須是有戰略性地收看。如果有時間以鋪天蓋地的電視節目進行輸入，還不如將時間拿來輸出。

當然，如果有時間做出反應，那麼不如把時間拿來輸出。反應乍看之下也是一種動作，而且還非常輕鬆，因此將時間用在這方面，很容易就會感到滿足，如此一來輸出的意欲也會被削弱。

輸入的資訊已經非常足夠

如果想進行輸入，還不如把時間拿來輸出。我會如此斷言，自然是有理由的。

現今日本的成人，已經輸入過剩了。不僅僅是完全沒有做到輸出，甚至一直輸入到過多的地步。

這就像是完全沒有運動，卻不斷攝取卡路里的狀態，會引發消化不良、對健康非常不好。不管是什麼事物，只要有攝取就應該要適當排出。

輸入的資訊已經非常足夠。可以對這個事實提出反駁的，比方來說就是完全沒有以下經驗的人。

早上在床上看智慧型手機。

不是現在，但曾經邊走路邊看手機。

沒有馬上回 LINE 等訊息就覺得很不安。

手機裡有2個以上的新聞 APP。

至少一天會看一次那些 APP。

手機的電量所剩不多就會非常不安。
手上拿著手機在找手機。
如果長時間沒有登入 SNS，會覺得大家是否會擔心自己。
因為跟不上 SNS 的話題而感到焦慮。
能夠很快就在 SNS 上接觸到新話題而感到開心。
看見不懂的詞彙就立刻在 google 搜尋。
如果覺得不太確定就請教 google 老師。
不管要做什麼事情，都抱持著學習的心態。
喜歡看書。
看了書覺得很有趣，就覺得滿足。
感受到自己輸出不足，因此打算以輸出相關的書（比方說本書）來學習。

也就是說，當你拿起這本書的同時，就肯定是個勤勉向學、積極輸入的人。

當然，我想你也會讀其他書籍、應該也會看網路新聞。

相較於那些不讀書的人、甚至是過往沒有網路和手機的時代，你已經輸入過多資料了。也許你沒有自覺，但這才是最麻煩的。知識消化不良、過多的資訊增加了皮下脂肪的厚度、中性脂肪和惡性膽固醇也升高，很自然就會累積壓力。

為了要解決這種不平衡的狀態，要將輸入盡可能降到最低，又或者是盡量增加輸出；否則就是緩慢減少輸入的同時，逐漸增加輸出，只有這幾種辦法。

這就像是如果想要減少脂肪、變健康一些，那就要絕食、或者每天跑20公里鍛鍊肌肉；又或是慢慢減少餐飲的同時增加運動量，大概就這些辦法。

輸出不是只有文章

我先前已經寫了很多本書、也開設了HONZ這個書評網站、在《週刊新潮》上發表書評、經常以文章這種表現方式來作為輸出的手法。這也是我在接下來的章節當中，會將大部分文字放在文章表現方面的理由。

但稍早我也曾提到，輸出並非只有文章，這自然不在話下。輸出還有其他許多種類。

除了文章表現以外，我喜歡的輸出方式，舉例來說還有製作模型、料理等。這些也都是輸出。

前面提到過的，談話、照片、影像、繪畫、音樂、舞蹈，這些全都是輸出。當然運動、遊戲、創作東西也都是，出外去某個地方也是。只要不是單用自己的腦，而是同時使用身體、留下某種主體性的成果，這些都可以說是輸出。

因此，挑戰之後就算發現自己寫文章的才能實在不太行，這也沒什麼好怕的。只要在自己的內涵當中尋找其他輸出的才能，也就是嘗試其他輸出方式就可以了。

舉例來說，如果想要嘗試拍照或者拍影片等輸出方法，從前需要非常高價的機器。但現在只要有智慧型手機，隨時隨地都能辦到。

為了讓創作的流程或者結果被許多人看見、尋找能夠獲得回饋的地方，從前也是非常辛苦的。但是現在應該有很多人都知道要怎麼開設 Instagram 的帳號吧？大部分的人應該也都知道怎麼將影片上傳到 YouTube 上。

也就是說，現在並不僅僅是輸入資訊過多，同時也是一個輸出所需的環境完備的時代。

如果這個時候再不輸出，那就只能淪為將手上有的寶物放到腐敗了。

另外，如果有人已經發現自己具備以文章來輸出的才能，那麼我也很建議，可以試著尋找自己其他的輸出才能。畢竟當今是任何人都可以使用 SNS 來寫文章的時代。

在SNS如此普及的當下，寫文章的才能比其他任何才能都容易被他人發現。如果這份才能高到足以被稱為文豪，那就沒什麼好擔心的，但如果程度只是還可以，那麼不要覺得會寫文章就夠了，最好要有文章加上點什麼。這是在當今時代中應該要具備的最低限度輸出技巧。

輸出手段並不只有寫文章。不過輸出的中心是文章，也就是語言表現。

輸出天才，三遊亭圓朝與二葉亭四迷

在輸出環境還沒有如此完備的時代，日本有兩位輸出天才。

一位是落語家三遊亭圓朝。嚴格來說是第二代的圓朝，出生於江戶末期、活躍於明治時代的人物。他後來被尊稱為大圓朝，目前還沒有人能夠繼承這個稱號。

圓朝是位落語家，但他同時也是作家。怪談故事當中非常著名的《牡丹燈籠》、《真景累之淵》，人情義理故事傑作《文七元結》、2015年過世的入船亭扇橋擅長表演的《鰍澤》等，都是圓朝的作品。據說每到年底就會四處上演的《芝濱》也是圓朝的作品。

落語當中有許多由歌舞伎改編而來的故事，如《七段目》或者《中村仲藏》等，不過圓朝創作的《怪談乳房榎》卻是由落語被改編為歌舞伎。

圓朝這些作品，當然都是以落語的方式推出的。用來輸出的工具就是他的說話聲。

聽了圓朝故事性十足的談話，發現若說出來的話語不僅用聽的，寫下來閱讀一定也會十分有趣吧？注意到這點並且實踐的，就是二葉亭四迷。

二葉亭四迷的代表作《浮雲》與原先日本文學的書寫體大不相同，而是以極富韻律感的口語體寫成，據說這是受了圓朝非常大的影響。爾後又有人模仿二葉亭四迷這種嘗試，我們也才有了森鷗外和夏目漱石等人。

原先口頭語言和書寫語言被區分開來，而能夠將這個隔閡猛然下拉，正是因為有圓朝和四迷這兩位天才。

說不定今後，文章也會和現在認為並非文章的東西，由某處的天才融合在一起。就算不如他們那樣天才，畢竟環境已經變得非常良好，發生這種奇蹟的可能性也已大增。

活在輸出的時代，也能有這類樂趣。

也許有位離落語界萬分遙遠的現代圓朝、或許現代四迷也正活在當下，很可能只是尚未有人發現他們的才能罷了。

而這類天才性質的擁有者，說不定就是這本書的讀者。

我們生存在一個充滿愉快可能性的時代當中。

第2章

書寫輸出最為輕鬆

寫了就會變成金錢！

寫文章的技術在中小學便已養成

我將輸出的基本重心放在撰寫文章上。

當然，是用日文書寫。對於日本人來說，這是再簡單不過的輸出了吧。畢竟就算是填鴨式教育時代，國語課當中也有許多為了讓人學習輸出而特別設立的項目。

暑假的圖畫日記、讀書感想、收集成畢業文集的作文，應該沒人連一種都沒寫過吧。

體驗過日本的義務教育，就表示已經具備寫文章的基本能力了。並不需要再學習更多寫文章的技術。

因此，不需要讀那些讓寫文章技巧變得更高明的書籍。尤其不可以讀大部頭書籍。因為很容易就覺得，寫文章還得遵守這麼一大堆規則嗎？進而感到煩躁、或是過於想寫出好文章，大多會是這兩種情況。

輸入的資料，已經夠了。

話雖如此，若還是對於寫文章沒有自信，那麼就回想一下技巧、讓自己有寫文章的自信吧。

就算很久沒騎腳踏車，應該也不會有人去讀教人如何騎腳踏車的書吧。多半是會在剛開始有些膽戰心驚想著「好久沒騎了」就跨上車，沒多久之後就會忘了好陣子沒騎的事實而順利前進著。

只要記得，寫文章也是這樣就可以了。

另外還有個好消息。在國中國小時寫的文章，主要就是感想、出外遠足寫下的遊記、還有畢業文集當中隨處可見的回顧文章，或者是表達將來意願的文章。

不過也很遺憾的，是否具備這類文章的才能會非常明顯。

有才能的人寫的遊記，會讓人覺得彷彿自己也去了那裡旅行；而沒有才能的人寫的遊記，則令人摸不著頭緒。就算寫的是自己也曾經去過的地方，卻還是會感受到好似去了其他星球冒險。該說是有讓人感受到那種氣氛的才能呢、還是該說沒有寫遊記的才能好呢？實在令人困惑。

那麼社會人士應該要寫的文章，或者說，一般會被要求該寫什麼樣的文章呢？很簡單，就是介紹文。

因為是要介紹某項事物，所以應該不至於不知道該寫什麼才好。

我認為國中小學當中讓學生寫的讀書感想文，也可以是一種「讀書介紹文」，與其讓書寫者表現出他們怎麼想，不如說明該書籍是什麼樣的內容，這樣比較能夠作為輸出的訓練，不過既然教育並未採用這種方式，那麼這個部分就需要自己練習了。

但不需要害怕，任何人都能寫介紹文。就算沒有才能，也能夠具備某種程度，不過是需要一點技巧罷了。

只要能夠順利寫出介紹文，世界就會變得非常寬廣。

請抱持自信、在 SNS 上自由發出訊息，也可以活用在商務方面的簡報或者企劃書上。說不定還能夠以自己的文章本身，直接賺取金錢。

為了在今後的時代能夠輸出而存活下去，大前提就是「會寫」。

名為 HONZ 的奇蹟

寫文章的功力是能夠進步的。本來寫得好的人能夠更好，沒那麼好的人只要開始動筆，就會比先前更順利。我能這樣斷言，是因為這十年左右，我看過許多非專業人士所撰寫的文章。

我經營了一個名為 HONZ 的網站。

這是非小說書籍的書評網站，會在這個網站上寫書評的，幾乎都是寫文章的外行人，職業作家大概只有一位吧。還有就是大家都有其他正職。

即使如此，在網站上介紹的書籍，瞬間就會攀升 Amazon 的販售排行榜，內容還會被轉載到各處線上新聞，於是又再次提升了銷售排行。具有這樣的影響力真的非常不可思議。

而兼差的撰文者，我想大家只要上 HONZ 網站看一下就明白了，大家的文章都寫得非常好。有人是原本就寫得很好，也有人是越寫越精妙。

這些撰文者是我先前招募的。我先招募可以在 HONZ 上發表文章的人、看他們寫的東西，再決定是否採用。初期 HONZ 的撰寫者，都是想要在 HONZ 上發表文章的人。

但最近我幾乎沒有再招募新人了。

然而撰文者還是在逐漸增加。

因為我不再招募，而是開始釣大魚。

所謂釣大魚，是指我在部落格等處，看到有人發表了頗為有趣的書評，且該書的調性也非常符合 HONZ，那麼我就會直接聯絡對方，請他加入網站的撰文者行列。

雖然看起來非常耗工夫，但其實效率很高。我經常邀請這類人參加以後，才發現對方寫的文章好到令我驚訝。

我想這應該是因為平常就在寫文章的人，他們的品質非常穩定。除了單純寫得好以外，能夠聚集穩定發表文章的寫手，才能夠支撐 HONZ。

我一直談論 HONZ 的事情，當然是有理由的。

HONZ 的成員如果不是在同一個網站上寫書評，恐怕終生都不會見到面、也不會講到話，是毫無關係的陌生人。但只因為寫了書評，只是這個小小的理由，就相互認識、成為能夠一同談論書籍甚至聚餐的夥伴。

如果沒有他們輸出書評，那麼就沒有現在的 HONZ。同時，也沒有現在的他們。

持續進行輸出活動，就會擁有足以改變人生的力量。

文章類輸出「undo」最為有效

我會先推薦撰寫文章作為輸出的方法，還有另一個理由。那就是可以不斷進行修正。

在部落格等處，寫好了之後也能修正。

因此，就算是以之後還會修正為前提就先公開也沒關係。如果是商務用的文章，比方說契約書或者銷售發表等，在公開以前必須要再三確認，徹底精密檢查有沒有錯誤、是否夾雜奇怪的用字遣詞等等，但若是個人的部落格，就不需要那麼神經質了。

話雖如此，也不是說任何東西都可以馬上放到部落格上公開。

當然錯漏字不能太多、文章也要簡明易懂。因此寫好之後可以過一段時間再重看一遍，修正這些部分。

文章這種東西，並不需要把你寫好的東西馬上公開，會被這樣要求的，大概只有網路新聞的記者。而我們畢竟不是，所以可以多花點時間、甚至說多花點時間會比較好。就連專家要把寫好的文章公諸於世之前，也是會耗費不少時間。

舉例來說，《週刊新潮》向我邀稿的時候也是如此。我會先寫好符合固定文字數的稿件。寫好以後反覆閱讀，調整好內容以後才會用電子郵件寄給編輯。接下來就會接到編輯詢問「這段指的是這樣嗎？」等問題，再將文章慢慢修正成足以回覆對方問題的樣子。書寫者本人因為非常明白而認為理所當然的事情，若是讀者腦中並沒有那樣的訊息，就很難理解該文章。藉由編輯這個與書寫者本人不同的目光來檢查，對於填補該前提的鴻溝有很大的幫助。

修正過後的原稿，接下來會交付到校閱負責人的手上。

關於校閱這部分由於某部熱門的連續劇[1]，已經不太需要我來說明，不過簡單的說就是徹底找出是否有錯誤、讓寫作者有事前修正機會的人。

1　此指日本 2016 年上映的連續劇《校閲ガール》，台灣於同年上映，片名為《校對女王》。

「三年前秋分那天，我去打了高爾夫球。」

就算是這麼短短的一句話，他們也會去調查三年前秋分的天氣，然後詢問「那天有颱風登陸，您真的去打高爾夫球了嗎？」等問題。

被這麼一問，就可能會發現其實不是三年前、而是四年前；又或者不是秋分日而是敬老節那天之類的事情。

經過校閱負責人檢查過後，作者、編輯、校閱負責人都判斷這樣應該沒有問題了，就會把原稿移交至印刷作業。

如此一來，刊載出難以理解、或者錯誤百出文章的可能性就會降到最低。

但是大多數部落客在公開文章以前，並沒有像編輯這樣能夠以他人目光來閱讀之後提供意見的對象，也沒有那些連針尖大錯誤都不放過、繃緊神經的校閱負責人，必須要自己擔任編輯、同時也擔任校閱才行。

不過，大多數人在寫完文章以後，都會覺得頗為興奮，因此很難發現剛剛才寫好的文章當中存在著錯誤以及矛盾、又或者是不好理解的表現方式。在這種狀態下，要自己成為編輯和校閱負責人是不可能的任務。

所以，要讓原稿沉靜一下。

寫完然後獲得成就感、充實感之後，那天就不要再看稿子了。當然，也不要公開。

等到第二天以後，再來重新閱讀前一天寫好的文章。

這樣一來有九成的人，都會驚駭地發現錯漏字、轉換錯誤、重複表現、搞不懂到底在說什麼的句子等等。甚至不得不承認，前一天沒有就這樣順勢奔到終點實在是鬆了口氣。

這天的工作，就是修正所有能夠修正的地方。

這個工作結束以後，若還是覺得有些迷惘，那麼也可以再放一天，最多只能再放兩天。如果一直修正下去，那就永遠無法公開了。

不公開輸出資料就等於沒有輸出，這可就本末倒置了。

寫好的第二天就修正。以這個方法為前提來作業，就表示不需要一開始就以寫得很完美當成目標。

畢竟讀的人只會看到最後的稿子，因此很容易以為一開始就是寫成那樣的，但其實就像稍早我說明的，雜誌或者書籍在問世以前，也耗費許多時間與工夫，因此有許多易讀好懂且有趣的文章。

因為不需要以完美為目標，所以剛開始只要還行就可以了。就算是只有自己明白、用字遣詞亂七八糟彷彿是在寫筆記一樣也沒關係。

在這種情況下，放三個晚上可能會比較好，不過對於寫東西帶有恐懼之心的人來說，我只是希望你們並不需要一開始就打算寫得很完美，將寫作的門檻降低一些，能隨手開始寫就行了。

這種時候，可以把一開始寫下的東西、第二天修正的東西、再過一天修正的版本通通另存新檔，以後再來閱讀比較，這樣應該可以比較清楚看出，修正過後就會變好、就算一開始支離破碎，最後還是會有個樣子；以及一開始有多容易犯錯等。

知道自己的習慣，就是修正的第一步。

限制越多越好

商務會談、行銷宣傳、招呼問候都還能應付，但對於參加者眾多的開放式宴會等要隨意聊天的場合卻感到苦惱的人，應該不少吧。

這是當然的，因為隨意聊天非常困難。理由就在於，非常隨意。在廣闊如海洋般的話題水波當中，要尋找出一個適合該場所、對方會有興趣、還能輕鬆炒熱氣氛的話題，並且順水推舟一路說下去，這實在是一個難以達成的任務。

這類開放式宴會，如果是高中同學會之類的，難度就會下降。只要說說高中時代的回憶，那多半不會出錯。如果是同年級聚會就更簡單了。班級聚會更是游刃有餘。

如前所述，如果想要表現出什麼，最好是有點限制。

因此，不應該打算自由地寫些什麼介紹文章，而應該為自己設限。

以 HONZ 來說就是書籍，而且限制在不包含自我啟發書及技術性書籍的非小說類、同時必須發售尚未超過三個月。對於想馬上買有趣書籍來閱讀的人來說，這樣比較方便吧？也就是說，我認為有這樣的需求。

限制除了主題方面還有其他項目。一個是文字數。

要寫在部落格等處的文章，不管多長或者多短都沒有關係。舉例來說推特雖然比較特別、有限制文字數量，但若不是推特，基本上長度完全看書寫者自己決定。

但是這樣的自由說起來也很不自由。

我想應該不會有人被告知「請你隨便跑一段距離」，就會表示明白了然後跨步奔出吧。

如果要跑得很遠，那麼步調安排就非常重要；如果是短跑，那麼最好在開始想步調之前就跨步比較好。如同跑步就要考量距離，書寫就要思考長度問題，這是非常重要的。

但是，並不需要非常嚴謹。如果決定大概要寫800字，那麼大概720字到880字左右都沒有問題，10%左右的增減都在容許範圍內。

為主題及文字數量設限。也許有人會發現，這似乎跟某種東西有些相似。沒有錯，就是作文。就這點來說，採用作文作為選拔方式，是頗為合情合理的。

從前擅長寫作文的人，希望你們都能意氣昂揚地再次提筆。原先不擅長的人也可以安心，畢竟對於已經遠離考試久遠的成人來說，寫文章是沒有時間限制的。如同我前面也曾提過的，不管要花費多少時間都行、也可以重寫，並不需要害怕。

寫簡單些

文章完全不需要寫得很困難。所謂寫得很難，是指寫得好像很聰慧，又或者是說寫得好像知道很多事情。

思想家或哲學家的文章有很多這類型的，而這類文章不僅難讀也很難理解。

但是，輸出的目的，並非撰寫難讀又難以理解的文章，是將輸入的資訊消化以後，改變型態再釋放出來。

而結果會讓其他人覺得「這個人就是這個樣子的」，然後獲得回饋。

也許你希望其他人覺得你是個聰明的人，但那樣的嘗試很肯定會失敗。

這是由於書寫的人是否真的聰慧，又或者只是希望人家覺得他很聰慧，其實讀者是馬上就能判別的。

舉例來說，如果文章當中出現「止揚[1]」這個詞彙，最好就要明白這是為了讓人覺得他很聰明而寫的文章。我幾乎馬上就可以判斷，該篇文章的目的並不是為了傳達什麼事情、或者希望有人理解什麼東西，只是為了讓人覺得寫這篇文章的人很聰明。

當然，止揚只是一個例子。

除此之外還有很多明明可以替換成簡單詞彙的東西，卻特地使用讓人頭暈目眩的艱澀詞彙，這種文章就要多加注意，我完全不建議寫這類文章。使用的詞彙只要是一般性的即可。

文章的結構也是這樣的情況，說得極端些，一句話的長度是越短越好。

落落長的文章，就像是摸不著頭緒的故事。

「從前從前在某個地方，有位老爺爺和一位老婆婆，有一天，老爺爺到山上去砍柴，老婆婆則到河邊去洗衣服，結果從河流的上游那邊有個好大的桃子

1　原文為德文「aufheben」，由德國哲學家黑格爾提出，為辯證法當中的一個概念。

載浮載沉地漂了下來，老婆婆就把那桃子帶了回家，老爺爺把它切開來一看，裡面就冒出了桃太郎。」

好長。

還有，因為這完全沒有給予讀者喘息的空間，因此感受桃太郎從桃子當中誕生的衝擊以前，心思就會飛到另一頭想著，唉呀，老爺爺去了哪裡呢？

這麼長的一句話要如何縮短，我想你應該明白。

你應該當成目標的一句話長度，就是童話故事裡面會用的那種長度。也就是盡可能短。

在短短的一句話當中，不使用困難的詞彙。要連幼稚園兒童都能理解、又或者是剛開始學日文的外國人也能理解的文章，或者可以想著自己要翻譯成英文，這樣寫文章的時候很容易就會變成易讀又好懂的文章。

不要覺得是８００字，要想作是１００字×8

長度大略上來說，我覺得８００字還不錯。對於習慣使用４００字稿紙的人來說，是比較容易掌握的兩倍量，應該也是很好書寫的長度。

不過，忽然就說要寫８００字，這就像是對於從來沒有跑步經驗的人來說，突然得要跑個10公里一樣。

這樣一來，應該會想說，就先訂個1公里當目標吧。文章也是這樣，只要先把１００字當成目標即可。

１００字比推特限制的１４０字還要短，以這本書來說，大概是三行左右。

這樣不覺得看起來很輕鬆就能勝任嗎？應該看起來很輕鬆吧，事實上也理當非常容易完成。

只要打造出１００字的段落總共8個，一下就能寫到８００字了。

那麼，要如何將8段100字集合在一起呢？這就是組織文章的能力了。

如果是在HONZ要指導新人如何撰寫書評，那麼我還是會請對方考量要以段落方式撰寫。約莫如此。

第1段：介紹對那本書的印象。使用100字，向讀這篇文章的人表現出希望對方怎麼想。如果希望對方覺得是本有趣的書，那就用100字來表達這是本有趣的書。

第2段：假定該書讀者。使用100字，來提及會將這本書推薦給什麼樣的人、也就是讀者。這個時候覺得自己符合的人，就會繼續讀下去。不要只寫個「推薦給社會人士」，而應該具體地寫下「推薦給已經習慣工作、但又蠢蠢欲動想要挑戰新事物的社會人士」等。

第3段：介紹該書內容①。使用100字來介紹該書何處有趣、傳達整本書給人的感受。這是一本歷史書還是一本科學書、寫書的是什麼樣的人等等，在讀這段時要能夠大致掌握這些事情。

第4段：介紹該書內容②。只用100字介紹書籍內容頗為困難，文字數還是有點不夠，因此多使用一段來介紹書本概要內容。可以的話，第二段就從其他方面來旁敲側擊。

第5段：介紹該書具體內容①。也就是要引用。引用具代表性且具特徵的段落，讓讀者能夠理解：原來如此，這本書的內容是寫這種東西的啊。這一段不用在意必須控制在100字以內，文字數多少有誤差也沒關係。最重要的是要有彈性。

第6段：介紹該書具體內容②。這一段也是引用。除了第5段介紹的段落以外，再引用一段具代表性且有特徵的文章。讓讀者的理解能夠更深一層。

第7段：具體介紹本書作者。在第3段其實已經介紹過作者了，但是在介紹文章以後，有些讀者會想，寫出這些文字的是什麼樣的人？因此本著服務精神在此為他們介紹一下。

第8段：竭力表示為何會提出這本書介紹。這個段落是要用來讓那些覺得好像很有趣呢、似乎可以讀讀看的讀者，從想讀轉變為下定決心要去閱讀。

如果是這樣的結構，要寫出800字實在輕鬆愉快。如果介紹的不是書籍，那麼就把引用的部分替換為使用的簡便度、試用感受等，那麼大致上的結構還是不會變更。

我想大家應該也注意到了，此處從第1段到第8段的解說文章，全部合起來大約就是800字，這是一個利用100字×8來達成的結構。

只要習慣100字×8，那麼置換整個段落也沒有問題。實際上我自己也是過了一個晚上之後，從頭再讀時會確認整體節奏、然後置換整個段落的順序。除了第1段和第8段不會更動以外，其他其實都可以對調。

不過，這是能夠依照形式寫出來以後才會做的事情，請不要一開始就以之後要置換段落為目標來寫作。最初下筆還是要照著規範來寫。

這樣一來就結果上來說，會比較快寫好。

要多加考量媒介

在目前想要使用文章來輸出的人當中，應該沒有人會選擇用紙張來當媒介。應該也幾乎沒有手寫在稿紙上的人吧。如果要寫一定長度的文章，那麼就會使用電腦來寫作，而公開發表的地方就是網路上吧。閱讀者則大多是使用智慧型手機來閱讀的。

這是由於電腦是用來輸出的工具，而目前智慧型手機則是用來輸入的工具。

讀的人會使用智慧型手機來讀。

這樣一來，每個段落一開始的空格就沒有意義了。

在國中小學裡學習寫作文的時候，老師應該都有教導每個段落剛開始必須要空一格[1]。而這是稿紙及印刷物世界的規則。

1　日文的作文規則中每段開頭要空一格。中文的規範則是空兩格。

但如果使用智慧型手機，空了一格很可能讓整個排版都亂掉。

另外，作文並沒有教導每個段落之間要空一行這種手法。如果是寫讀書感想文這麼做的話，恐怕會被指摘說是賺字數吧。

但是，能夠自己設定字數的成人，並不需要賺字數。

尤其是以智慧型手機來看文章的時候，每個段落空一行，真的比較好閱讀。

因此，如果以稍早提的8段落結構來說，中間7處最好要設置一行空行，真的應該要放。

100字的文章一行約20字的話，總共有五行。每五行有一行空白，就不會讓人有壓縮感、能夠輕鬆閱讀。

不過，像藝人的部落格那種，一直換行也值得商榷。如果一直看那種文章，總覺得腦袋運轉會越來越慢。

總之，以智慧型手機來閱讀的文章，外觀上以及文字擁擠度來說，最好比印刷品來得寬鬆一些。

提到文字的擁擠程度，在日文當中還要多注意使用漢字與假名的均衡問題。

「昔々有る処に老爺と老婆がいました。有る日老爺は山へ芝刈りに老婆は川へ洗濯に出かけました」

「むかしむかし、あるところにおじいさんとおばあさんがいました。ある日、おじいさんは山へ芝刈りに、おばあさんは川へ洗濯にでかけました」[1]

這兩段文章要表達的事情是一樣的，但給人的印象卻不相同。

後者雖然比較長，但卻比較輕快易讀。只不過是把漢字換成假名而已，這樣就會大為改變印象。

1　譯文：「從前從前某個地方有老爺爺與老婆婆。有天老爺爺到山上砍柴、老婆婆則去河邊洗衣服」。

我在網路上寫文章的時候，會刻意保持漢字比例最多三成左右。為了要減少漢字，訣竅之一是不使用成語，老爺爺老婆婆這類名詞，也使用假名。

另外，像是出門了這類敘述用語，如果換成假名也不會讓人覺得奇怪，那就積極使用假名。在業界當中將漢字換成假名的步驟稱為「展開」，就盡量展開吧。

就算只是這點小技巧，文章給人是否容易閱讀的印象也會大為改變。這樣一來輸出能夠踏上的道路，會更加寬廣。

以都都逸調調整節奏

放了一晚的文章去除錯誤及多餘處，並且加上不足的部分。

但是，這樣一來放一晚的目的就只達成一半。放一晚最重要的理由之一，就是為了讓人在閱讀時能夠感到舒適，就應該要連讓讀者能夠產生「哇」、

「噢」、「然後呢」的回應都考量進去，以此來調整文章節奏。

畢竟是節奏，所以這和書寫內容沒有什麼關係。不管是什麼樣的內容，都一樣要有節奏感會比較好。

在日文當中最適合用來作為節奏範本的，就是都都逸調。

所謂都都逸調是指「三千世界の鴉を殺し ぬしと添い寝が してみたい[1]」這類七七七五韻律的詩文。

提都都逸調可能會讓人覺得有些古板，但其實應該大家也都覺得「花に嵐のたとえもあるさ さよならだけが人生だ[2]」這句話的節奏讓人感到舒服吧。這句話也是都都逸調。

1　據說是高衫晉作詠唱的詞。譯文：「願戮三千世界鴉 為與你 安眠到天明」。

2　這句日文其實是井伏鱒二翻譯唐朝于武陵《勸酒》的後兩句「花發多風雨，人生是別離」。

能夠好好刻劃節奏的文章，會被認為是一篇好文章。

或者是像「どんぐりころころ どんぶりこ[1]」這樣七五七五節奏不斷重複的七五韻律也可以。

「小諸なる 古城のほとり[2]」、「ありがとう いいくすりです[3]」這類五七韻律帶著強而有力的節奏。「男は黙ってサッポロビール[4]」是七七、「蛍の光 窓の雪[5]」、「あたり前田のクラッカー[6]」則是七五。

五七五七七的話，那就有點過火了，不過偶爾採用也還是頗為有趣。過去曾有陣子是找出維基百科文章當中正好變成五七五七七的句子，還成了流行話題，想必也是因為韻律感良好吧。

當美國總統說「Make America Great Again」的時候，姑且不論內容，大多數日本人都會覺得非常有趣，幾乎和「それにつけても金のほしさよ[7]」並駕齊驅，讓人覺得好像接在什麼句子下面都沒問題。

「すずめの子 そこのけそこのけ お馬が通る[8] Make America Great Again」

真是太完美了。

1　日本童謠，意思是「栗子圓圓滾滾啊 栗子圓滾滾」。

2　出自島崎藤村的詩集《落梅集》，之後由弘田龍太郎譜曲，成為日本有名的歌謠曲。意思是「小諸地區哪 在那古城鄰近處」。

3　日本知名腸胃藥太田胃散的廣告台詞。意思是「真是感謝你 這真是個好藥品」。

4　日本知名酒商札幌啤酒的廣告台詞。意思是「男人就應當閉嘴 乾了那札幌啤酒」。

5　日本歌謠。意思是「螢火蟲點點光芒 窗邊的雪花」。

6　日本食品廠前田製菓的行銷用語。除了節奏感以外，同時用上「当たり前だ」（理所當然）與公司的「前田」做成雙關語。可譯為「理所當然前田家 好蘇打餅乾」。

7　「就算加上這個還是想要錢啦」。江戶中期流行的一種歌曲遊戲，將此句接在其他句子下方，仍然符合韻律，句子的意義卻變得十分扭曲。

8　小林一茶的俳句，意思是「麻雀的孩子 快退下啊快退下 御馬要通過」。句中的麻雀孩子其實指的是平民孩童，而御馬則表示高官。

不管文章寫的是什麼樣的主題，但是標題一定要使用三十一個字，這種限制也不壞。

無論寫手或講者，接續詞都能幫上忙

要調整文章整體節奏感，接續詞扮演著重要角色。

我喜歡的文章模式，是先切入結論，然後再敘述「這是由於……」的文章。

如果一開始就提結論，那麼讀的人就能想著「原來如此，是這樣啊」而安心讀下去。如果接下去是談「這是由於……」那麼就更令人放心。因為可以想見接下來一定會說明理由。

容易閱讀的文章，就是這類不容易使讀者感到迷惑的文章。就算不直接切入結論，如果有個「因此」的話，也能夠想像得出，接下來會統整前頭說的事情；若放的是「但是」，就能預料到接下來要提相反的東西了。

所謂容易閱讀的文章，就是不會造成驚喜的文章，如果前方要轉彎了，就會事前告知有轉折的文章。處處令人驚訝的文章可謂惡文。

因此，最好積極使用接續詞，這樣一來讀的人就不會感到迷惘。多加使用接續詞，也能夠幫助讀者調整節奏。

接續詞是否能夠幫助讀者，只要回頭重讀文章就會明白。如果就連寫的人都感到有稍微絆到的地方，那麼最好明白讀者是一定會跌倒的。若該處不足的是接續詞，那麼就無須迷惘，把接續詞加進去吧。有一些文章讀本指南，會寫著什麼好文章的接續詞很少，千萬不可以相信這點。

不過，接續詞的使用方式很容易養成個人習慣。有人習慣常用「但是」，也有人總是寫下「不過」等等，非常常見。如果是800字的文章，不管是「但是」或者「不過」，最好都只出現一次就好。因此，為了避免重複使用，請在內心謹記逆接的接續詞「但是」、「不過」、「可是」、「然而」四個一組；以及順接的接續詞「因而」、「所以」、「以至於」、「導致」四個一組。

畫面越大越好

接下來再提一下用來輸出的工具。

先前已經提到，電腦會比智慧型手機好。原因就在於有點長度的文章，還是沒有其他輸入方法勝過鍵盤，另外，也是由於智慧型手機的畫面實在太小。

文章，尤其是在寫介紹文章、企劃書的時候，我想應該不會有人因為是使用 Word 就真的只打開 Word 在寫吧。通常會在網路上搜尋介紹的對象、有時候還會參考做成 PDF 的檔案資料、如果有弄錯的地方就一邊修正，這樣寫下來的東西才不會有錯。我想這是非常普遍的。

這樣一來，電腦畫面就會同時開著 Word、網頁瀏覽器、PDF 的視窗。

雖然可以切換過去其他視窗就好，但一直切換視窗確認資料然後寫文章，實在是太累人了。與其說是操作上很麻煩，最大的問題還是在於除了打字以外，真是不想另外操作鍵盤或滑鼠。

因此，最理想的就是把所有需要的資料都顯示在螢幕上，然後在 Word 上順暢地往下寫，這樣一來，很自然就是螢幕畫面越大越好。不只是單純地大，最好是橫長型的，因為這樣就能直的並排兩個視窗了。

當然我也有推薦的螢幕，就是 LG 製的 UltraWide® 曲面形螢幕。據說就連銀行員使用這種螢幕，也頗能提高工作效率。

如果沒有的話，也可以使用兩個螢幕，將兩個畫面並排在一起，直接準備兩台電腦，區分成搜尋用和寫作用的。

不要打算賣文章，要用文章賣東西

這個標題乍看之下似乎違背了先前寫的東西，接下來我就說明此點並無矛盾。

不可以打算寫「好文章」。

目標是容易理解、不會被誤讀的文章。

不會被誤讀的平易文章，和容易引發誤讀、難以理解的文章相比，當然應該要以前者為目標。

這是由於輸出的目的，就在於讓更多的人閱讀，然後獲得更多的回饋。回饋除了最直接的文章感想以外，還有新的人脈、極具魅力的副業、能讓人沉迷其中的興趣等等。

為此，嚴禁寫些難以理解、獨善其身的文章。如果想要寫那種東西，那麼就在非公開場合任意書寫吧，但我不會稱呼那是輸出。

我會希望大家在HONZ上面寫的感想，是能夠讓讀了那感想的人，會想要閱讀被拿來介紹的那本書、並且實際上去閱讀，是能達成這種目標的感想文章。我不需要單純讓人看了覺得「這篇書評寫得真好」的感想。不需要讓人感嘆文章寫得多棒，能讓人想讀書的文章，才是HONZ需要的。

所以，感想文章並不需要是名家文章，更正確地說，最好是名銷售員、名行銷員。

我認為這也是為了寫感想文章的人自己好。

HONZ使用了Amazon的夥伴計劃服務(Affiliate program / Associate program)。

在HONZ上寫感想的書如果賣出了，就會有AP收入回到發文者的手中。這裡的撰文者正可說是業績制的銷售員。

將撰文者培養成書評家，且讓他們以書評家身分獨立應該非常困難吧。我的意思是指，撰文者要憑靠稿費就能過活是非常困難的。

反過來說，撰文者透過寫感想來獲得副業收入倒不是那麼困難。說老實話是挺簡單的。

因此，讀了這本書的人當中，如果有人想要以寫文章輸出來賺取收入的話，就別想著要賣自己的文章。不如以文章來賣些什麼，獲得額外收入比較好。

在我寫這本書的稿子時，Amazon 提供給書籍的介紹費是3％，也就是如果介紹之後賣掉了1000日圓的書，就能獲得30日圓的介紹費。是不是覺得很少？

那麼如果是寫了這本書呢？不同出版社會有些差異，不過大部分大型出版社給作者的版稅大多是10％，也就是1000日圓的書賣掉一本，當中有100日圓是作者的。

寫一本書所耗費的時間、和寫一篇感想文章花的工夫，可是天差地遠。當然，感想文章馬上就能寫好，而價格差異是100日圓和30日圓的話，那麼30日圓絕對不算太差。因此我不推薦賣文章，而應該用文章賣東西才是。另外，如果售出的是電子書籍（Kindle），介紹費會從3％提升到8％。

若想被 HONZ 挖角成為書評作者

剛才我已經提到，目前 HONZ 尋找撰文人是用釣魚的方式。

我說的是真的。要問我怎麼找呢？就是每當有與 HONZ 調性相符合的非小說新書發售時，我就會在網路上搜尋書名，看看是否有為這本書寫書評的人。

如果找到了，我就會讀那篇書評，覺得這篇寫得不錯、這樣的書評可以賣書的話，就會與對方接洽，大概是這樣的流程。

因此，如果希望被我挖角成為 HONZ 的撰文者，那麼首先就去閱讀像是會刊在 HONZ 上的書籍，然後把感想文章放在部落格或臉書等處，又或者是推特上，最好能一直寫。也希望你別忘記把推特的私訊功能開放為任何人都能傳私訊給你。

我也會去看 Amazon 上面的感想文章，但那樣無法從網頁上直接聯絡撰文者，實在令人煩躁。

因此，如果要將感想寫在 Amazon 上，那麼最好將使用者姓名設定得獨特一點，並且有該名字的 SNS 帳號，這樣我會比較容易找到你。

既然連 HONZ 都會這樣尋找新的撰文者了，我想其他網站也會做一樣的事情。雖然 HONZ 是屬於非小說的感想網站，但是針對小說、或者書本以外東西的感想網站應該還有很多，就當作說不定會被哪個網站挖掘成為寫手，試著努力輸出吧。

就算沒有人挖掘你，想必你的輸出能力也會大為提升，這點我可以保證。

第3章

越做會越順手！說話輸出術

說服、簡報、閒聊的訣竅

說話比書寫還難

說話是與書寫並列的重要輸出方式。

就算有人平常沒怎麼在寫東西，我想應該也沒有人不說話的吧。如果有，那麼就前往咖啡廳、酒吧等，可能會有說話對象的地方吧。

寫文章自然是如此，談話也是一樣，如果一直不與人談話，那麼漸漸地技巧就會變差。

即使如此，只要開口說，就會慢慢恢復本來的程度。

因此，想要擅長說話，那麼就要先增加說話的機會。這是非常大的前提。

但是，說話比書寫還要困難。

也許有人覺得寫文章比較困難，但那通常是把書寫當成是萬分高尚的行為，遠超過了實際上的情況；或者是覺得說話是任何人都能辦到的簡單事情，大概就是這兩種情況。

文章可以多花點時間寫成，也可以放一個晚上重讀以後再修正。但說話的時候可不是這樣。

任何人都能說話。

但是，能說得簡單易懂又有趣的人，卻少到令人驚訝。

即使如此，或說正因如此，如果只是單純把話語說出口，和準備好以後再說，兩者之間表達度、以及有趣程度是完全相異的。

也就是說，有準備的人就贏了。

不擅長說話的人，很可能只是單純不知道準備的必要性，或者該說，不知道的可能性非常高。

某些意義上來說「說了就明白」是正確的

我們經常聽到「說了就明白」這句話。只要面對面說話，就能夠互相理解、可以同意彼此、又或者是解開誤會等，我們很容易用這句話來表現。但其實這句話大多用在「說了就能攏絡」。

如果有人告訴你「說了就明白」，然後表示「所以我們見個面吧」，那麼最好要有所警戒。

雖然提了這種事情，不過在某些意義上來說「說了就明白」的確是正確的。

比方說這樣的情況。

走在你眼前的人提著一個購物袋，你看見了長蔥的綠色部分，沒想到天空中有隻黑鳶竟然瞄準蔥飛了下來，接著就咬著蔥飛走了。正當你受到驚嚇而腳步踉蹌，猛然一看腳邊，竟然有對花嘴鴨親子把炸豆皮頂在頭上正打算穿越馬路。

如果遇到這種狀況，想必是任何人都會想告訴別人自己看到的事情吧。

但是，如果沒有客觀掌握眼前發生的事情，就很難依序說好。而且應該會是在說的時候，越說越明白自己好像看見、但其實並沒有看見的景象。

在說話的時候又會產生一點欲望，一邊引人發笑，一邊想用上「鴨子揹蔥上門來[1]」、「黑鳶搶走炸豆皮[2]」等諺語，或者是聯想到寺田寅彥的散文《黑鳶與炸豆皮》也不錯，這樣一來難度忽然就提高了許多。

也就是說，所謂「說了就明白」其實是「說了就明白『自己並未客觀掌握發生的事情』」。

前面我舉的例子十分極端，不過如果無法將自己讀過的書、看過的漫畫等內容好好告知他人的話，通常都表示並未充分理解其內容。

1　日本諺語，由於料理鴨子的時候經常會以蔥作為佐料，因此鴨子帶著調味料拜訪，就表示「好事送上門」。

2　日本諺語，表示「煮熟的鴨子飛了」。

聽。

因此，如果想要判斷自己有沒有好好理解內容，最好的方式就是說給別人聽。

據說以表達能力聞名的記者們，都會向周遭反覆說相同的主題，然後確認自己說的時候是否在某處有所停滯、或者聽的人會在哪裡遭逢挫折等。

想要立即就能把話說得簡單明瞭，是根本不可能的。這是需要準備的。

從毛線球裡抽出毛線

為了要在說話的時候讓對方能夠理解，必須有所準備。

那麼，要問該如何準備，其實倒也不是多麼麻煩。

有時候話說到一半，會不知道自己本來在說什麼、或者是想要說什麼。但其實那只是因為原先就沒有決定要說什麼、想要說什麼，那麼當然會走到這個地步。

無法統整的說話內容，肯定是在說話開始以前就沒有統整好。

用文章來做比較，應該就很容易理解。在撰寫文章的時候，大部分人應該是不會沒有決定要寫什麼，就面對鍵盤吧。如果有的話，那肯定就是被交稿期限追著跑、已經被逼到無論寫什麼都好、總之先寫就對了的作家或執筆者。

除了這類特殊案例以外，在開始撰寫文章以前，通常已經決定了要寫什麼。但是說話的時候，卻有許多人在沒決定的情況下就開了口。這就是談話內容無法統整的最大因素。

因此，說話的時候，應該要像寫文章的時候一樣，先決定「要說什麼」。

並不需要決定得十分嚴謹，只需要想著大概是那樣吧就行了。請把那個「大概是那樣」當成一個看不見的廣告氣球，讓它浮在頭上，然後把那個廣告氣球強制替換成毛線球，接下來就從毛線球裡把毛線抽出來，拉出需要用的詞句。

如果說到一半卡住了，或者忽然覺得：奇怪了，本來是在說什麼呢？請回想起那個毛線球、還有原本的廣告氣球，這樣一來應該就會浮現接下來的句子。並不需要在意文法的問題。

因為這不是文章，而是話語。與其打造出一個文法滿分的句子，還不如集中精神，從想說出來的毛線球當中，拉出你要的那條毛線。

如果在一開始說話的時候，就一直意識到那個毛線球，那麼就算中途找不到線頭，只要回到毛線球那裡即可。準備好一個可以回去的地方，就佔了說話準備的九成。

我聽說有些中小企業，社員有在晨間招呼時間輪流發表5分鐘（或者3分鐘）演講的義務。也許覺得被強迫做這種事情實在難以忍受，但既然有這樣的制度，拿來有效使用當然比較好，畢竟，說話這門功夫是越說越好。這種時候希望大家記得帶著毛線球上場。

以妄想描述

在說話的時候最可靠的就是毛線球。如果覺得來到話題重點，就務必要想著毛線球來說。

但是，這樣一來就只能說出毛線球裡的東西了。如果毛線球談話法展現出成果、有了自信，那麼就可以往下一個方法前進，就是不要想著毛線球說話，或者是說一些讓人無法聯想到毛線球的內容。

那就是談論妄想。話雖如此，這和把自己當成石油王那樣說話又有些不同。

在 HONZ 有時候會聚集成員，談論關於「接下來要讀哪本書」。那本書畢竟是接下來才要讀的，所以還沒有開始閱讀。因為還沒閱讀，所以對內容一無所知。

在不知實際內容的狀況下，依照標題、作者、裝幀、出版社等，一邊推理可能是什麼樣的內容一邊述說。

這其實頗為困難，但有一試的價值，畢竟有人在聽啊。

針對以微少事實與妄想來述說的說話者，聽者會用其他少量事實與妄想來回應。這樣一來說話者也會產生反應，又打開了其他妄想的大門。

這是一個人悶著頭胡思亂想所辦不到的事情。正因為是在他人面前談論妄想，所以才更熱鬧。

這個時候，說話的目的並非傳達什麼、又或者希望對方理解什麼。用妄想（與少量的事實）炒熱氣氛本身就是目的，沒有毛線球也無所謂，沒有反而更能拓展內容。

開始習慣這種沒有毛線球的談話以後，也能在不知不覺間變得即使被問了出其不意的問題，仍然可以好好回答，非常不可思議。

如果是對於說話還算擅長，但卻不太能夠回答別人問題的話，我強烈推薦這個妄想競賽法。

簡報是個便當

我必須告訴大家一個壞消息。

不管是花費多少時間寫的文章，又或者是花了多少時間準備之後說出的談話，能傳達給對方的就只有些許內容。用電子郵件可以表達、一對一對話可以說明的事情，如果是在簡報、演講或者是像書籍出版那種，對象是不特定多數時，收受訊息的人百百種，因此會有些事情無法傳達。這比正確傳達的情況多上許多。

寫了好幾本書、演講過許多次的我都這樣說了，肯定沒有錯。就算有傳達了某些事情，那也只是在我要表達的事情當中的一小部分罷了。

還有個更壞的消息。

那傳達過去的少少事情，以想要傳達的事情排名而言，通常是連名次都排不進來的小事，只要看 Amazon 上面的感想就一目了然。可以試著去看一些你曾經看過的書的書評，一定會有你覺得「啊？怎麼提那個？」的留言，而且還會有好幾個。

我自己也有這樣的經驗。不管我在演講上有多麼推崇行銷，對方印象最深刻的卻是我的眼鏡之類的，這種事情一點都不稀奇。不過既然至少對眼鏡留下了印象，就當成有被記住的我贏了吧。

這對我來說，就像是仔細剁碎洋蔥、與絞肉拌在一起，把這肉煎得非常多汁，還搭配多明格拉斯醬，做了一個以漢堡排為主菜的便當，但非常意外，吃的人卻對於用來搭配主菜的糖煮紅蘿蔔、炸馬鈴薯、汆燙菠菜、泡菜等東西留下印象。

如果因為是漢堡排便當，就不準備漢堡排以外的配菜，那麼對於糖煮紅蘿蔔、炸馬鈴薯、汆燙菠菜、泡菜等東西留下印象的人，他們「有印象的東西」就會變成零。也就是說，他們會說「那個人的書根本沒有內容」、「這場談話好空虛」這樣的感想。

這實在是非常遺憾。

因此，雖然很麻煩，我們還是準備三明治吧。

這樣一來，就算是對漢堡排毫無反應的人，也還是會產生一些反應，並且將那個印象當成伴手禮帶回家。這是避免明明有準備卻被說「沒有內容」的保險。

簡報的目的，應該就是要傳達某些事情，但卻不一定能夠傳遞出最想告知的那件事。正因如此，所以不需要把這個當成目標，請將心思放在「有一件事情能傳過去也好」，多準備一些小東西散落在各處。

Japannet Takata[1] 的厲害之處在於？

長崎縣佐世保市日宇町，母公司設於此處的企業寶號，應該是無人不知無人不曉吧。就是Japannet Takata，這是Japannet Holdings的中心企業。

1　日本非常有名的電視購物公司。從前廣告都是社長本人拍的，說話音調非常獨樹一格。

我想應該大部分日本人都看過Japannet Takata的廣告。現在雖然已經改朝換代，但從前創業社長的高田明先生以他自己的高音調作為武器，將各種商品說得魅力十足、因此而能大賣。

高田明先生究竟有何厲害之處呢？

說老實話真是多到數不清，如果只能提一件的話，那麼就是他打造出BtoC的簡報模式。

之後我會再說得詳細點，不過原則上簡報通常是在BtoB的場合出現的。我方是做生意的、對象也是做生意的，而我有想賣給對方的東西、或想提出合作方案，就會需要向對方做簡報。

但是高田明先生，卻把簡報帶到了BtoC的領域當中，而且還做成功了。

高田先生成功的原因，正是因為他的簡報並不會停留在「這裡有很棒的東西，你實在應該買下」就結束。

我長年都待在電腦業界當中，因此聽那些宣傳電腦或者數位相機的話術真是聽到不耐煩。很快、很輕、美麗、可以上網、可以拍影片，大概就是這些，大家聽起來都與別人沒什麼兩樣，該買哪款呢？查了以後反而更加頭昏腦脹、搞不清楚。

但是高田卻在這片光怪陸離當中告訴大家：「只要有了數位相機，就算是第一次去的地方，也可以先拍下電車或公車的時刻表，這樣就不必擔心要回來的時候不知道發車時刻了。」

現在只要在網路上查一下就可以了，不過在數位相機剛問世的時候，他卻不是選擇告訴大家畫質、電池耐久度、成像發色如何，而在90秒左右的時間內試圖告訴你，這可以用來記錄時刻表，會這麼做的，我想也只有高田先生了。

就連我也不禁覺得，這麼方便的話還真是有點想要那台數位相機呢，但我明明就有好幾台了。

高田先生還賣過錄音機。

我想這個世界上，會需要錄音機的人應該不多吧。幾乎大部分人的人生，應該都從未與錄音機沾上邊。

但是高田先生卻找出了關聯性。他告訴大家，只要有了錄音機，就算在醫院的時候醫生說了很難懂的話，也可以先錄下來，之後就可以反覆聆聽。

既然是這麼方便的東西，的確是讓人很想買下呢。

也許我自己也是對於配菜而非漢堡本身產生反應的人。

不過，高田先生會準備各式各樣的配菜，就算只是用來搭配的東西，他也會非常有熱情地述說。這就是成功的要件。

有錯就馬上修改訂正，操作對方腦中思想

在日文當中，有「視聽率調查週間」、「摘出手術中」、「骨粗鬆症」等非常容易令人講到結巴的詞彙。如果不想吃螺絲，就會避免提到這些詞彙，

但若是電視台、或者在廣告商工作的話，就很難避免提到視聽率調查週間這類工作用詞彙；醫療相關人員也無法逃避要開口說摘出手術中、骨粗鬆症等場景。

就算不是這麼難的詞彙，也還是有些讓人容易結巴的話語。

還有一些並不是那麼容易結巴的詞彙，但就是會吃螺絲。也就是說，其實不管說什麼話都會發生錯誤。

這非常麻煩，雖然也很丟臉，不過會結巴就表示「說得很遲疑」，這樣一來聽的人很有可能會覺得你也許是在說謊。

如果吃螺絲該如何是好？

能夠選擇的方法只有一個，就是立刻重新說好。

如果過於焦躁，很可能會再說錯一次，因此要慢慢地，一邊在腦中浮現漢字的樣子，就算感覺拖拖拉拉也沒關係，要唸出正確的發音。

當然，就算是發音大舌頭了一點，也許聽的人還是能根據前後文，理解你在說的是「摘出手術中」。

但若是唸壞就算了而放著不管，那麼大家就會留下強烈的「他吃了螺絲」的印象。

這樣一來，就不會對其他事情留下印象了。

這對於說話者來說實在損失太大。因此，應該要訂正自己的發音，讓「吃螺絲」這個記憶被「他重新唸出正確發音」這件事情刷新。

效果更好的，就是在這個時候創造一個新的印象，將此植入聆聽者內心。

告知「說到摘出啊～」、「提到手術啊～」等小訊息，大家心中的「他說不出摘出手術中」這件事情，就會被「某個人接受了摘出手術」、「手術中常有的事」等震撼掩蓋過去。這樣一來，雖然很難說就會完全沒人記得說話者吃了螺絲的事情，但至少印象應該會變得非常薄弱。

這個技巧，也可以應用在話題無法結束的時候。

就算說話者表示「這就是我的結論」，有時還是會出現聽者無法明白那就是結論的情況。實在是令人悲傷的落差。

但如果這種情況放置不管又會如何呢？沒錯，就會變成「這個人說話都沒結論」。

要問該如何是好？那就只能準備另一個結論了。

也就是說，用這個方法來改變話題。

就算是臨時加上去的也沒關係，因為這樣也能帶出「怎麼忽然說這個」的反應。這樣一來，說話沒結論的人這個印象，就會被刷新為會忽然改變話題的人。

說得誇張一點的話，其實這並不僅限於談話方面，其實輸出這件事情，就是操作接收者的腦袋。

舉例來說，即使用話語告知「請你認為我是個好人」、「請對我抱持著我是好人的印象」，也不會有人就因此而抱持著你所希望的印象，反而只會覺得你是個怪人罷了。

如果希望別人認為你是個好人，那麼就必須要提供一些資訊，讓對方容易判斷「這個人是個好人」才行。

其實Japannet的高田先生所做的就是這種事情。

他並不會說「這是個好商品」，而是提供大家能夠導出這是好商品結論的材料。價格方面他也不會說「很便宜」，而是試圖讓你覺得「原來如此，這樣的話還滿便宜的」。

這就是所謂操作腦袋。

如果對方抱持著你不希望他留在腦中的印象，那麼就幫助他、讓他比較容易留下其他印象。這就是讓發生錯誤的印象轉淡的最佳技巧。

商務簡報要依規範進行

雖然都是簡報，但其實有很多種。

首先最主要是在 B to B 當中會使用的類型，也就是所謂商務簡報。簡報的主題是商品或服務，目的就是希望對方購買或者採用。

因此，商務簡報並不需要個性。不管負責簡報的是誰，都應該以代表公司、代表該部門為最優先，簡報者最好徹底成為幕後員工。故，商務簡報並沒有什麼下功夫的餘地。

除了嚴格遵從該公司脈脈相傳的東西、腳踏實地準備、堂堂正正面對現場以外，幾乎就沒什麼好做的了。

……不，還是有事情可做。

首先是要練習。雖說一場談話，準備佔了九成，但簡報的事前準備遠比這還要重要。而準備當中就包含了練習。

大多數人練習都不夠充分，比你自己想像得還要不足。如果感嘆簡報不順利、沒能做出成果，那麼就只是練習不足罷了。不需要什麼嶄新的技巧，請回歸初心，忠實於基本工作。

不管是什麼樣的東西，只要有做過，就會比沒練習來得順手。不管有多習慣做那件事情，還是練習之後才能進步、也比較有自信。

比爾．蓋茲曾經到處演講，即便如此他還是會進行排練。因為他非常了解練習的重要性。

必須反覆練習，直到自己能夠做出符合公司、部門的簡報。

投影片1張1分鐘

如果你現在手頭上有智慧型手機或電腦，可以用「省庁 パワポ[1]」當關鍵字搜尋圖片。你應該會看到塞滿文字的簡報資料吧。

我想這應該是說明用的資料。問題在於那是要用來投影的東西，文字過小、資訊量又過多，光是看到就想放棄理解內容了。

這個悲劇不用多說，當然就是把說明用資料直接拿來投影的時候會發生的。如果要個別說明，那麼用那份資料應該要花10分鐘或15分鐘吧。但是，簡報或演講的時候這麼做可就大錯特錯。

簡報時使用的投影資料，應該要準備說話時間（分鐘數）的張數。如果要講15分鐘，那就應該準備15張投影片，絕對不要想塞在1張投影片當中。

那麼，應該要擠到什麼程度呢？

這就要從你想講的東西反推回去了。

1　日文的意思是「各部會 投影片（PowerPoint）」。文中敘述的充滿文字的投影片為日本政府常見簡報資料。

NHK主播的說話速度，據說是1分鐘300字左右。簡報的時候也應該遵守這個速度，目標就是1分鐘講300個字。

這樣一來，1張投影片的畫面，就是能用300字說明的內容。如果說明圖表需要300字，那就1張投影片。如果需要150字說明，那就可以在1張裡面放2張圖表。如果需要用600字說明，那就準備2張一樣的圖表，在第1張和第2張改變放的關鍵字等。

1分鐘300個字，實際上說說看，就會發現其實頗為緩慢、甚至會用不完時間。

但如果因為這樣，就增加到350字、400字的話，那麼就會變成快言快語，很可能會被聽者當成耳邊風。

說話的速度慢一點比較好，如果還不到1分鐘，就已經說完300字，那麼剩下來的幾秒鐘不說話也沒關係。這個時間並不會讓聽的人覺得你是在偷懶、或者不知道該說什麼，只會讓人覺得你有餘力。

剛才我有提到晨間的5分鐘演講，這種情況，通常應該不會使用投影片。但是只要在腦中準備好5張投影片，然後每張花費1分鐘來說明內容，那麼一下子就可以講完了，而且聽的人會覺得你說得很好。

用照片抓住視線

如果不是商務簡報的話，而是比較個人性質的簡報，那就有點像是較長版本的自我介紹。

這個簡報的目的，是讓其他人知道自己，然後使聽簡報的人都能和自己感情融洽。絕對不是希望他們認為你好厲害、很偉大等。

那麼，長版本的自我介紹應該如何推演呢？

在此能幫上忙的就是照片。

如果是商務簡報，要排列以PowerPoint程式製作的資料，一定是條列式、數字、圖表及價格等等。其實這也是為何大多數商業簡報都很無聊的緣故。

畢竟如果把文字投影出來，那麼聽的人會在瞬間看完內容，心想「噢，是這樣啊」然後覺得已經知道說話者接下去想講什麼了，因此聽的東西就不太會進入腦中。不管是數字或者圖表，就算說話者沒有特別解釋，也能馬上理解意義，因此就更加不會留心聽對方說話了。

如果是自我介紹類的簡報，那麼當然不需要挑戰如此困難的事情，可以愉快一點。

要讓簡報變得愉快些，方法就是使用照片。自我介紹類的簡報，投影片全部都應該要使用照片。

如果把照片拿給別人看，會有各式各樣的反應。如果讓對方看的是看了就會發笑的照片，對方就會笑；如果給對方看不知道該做出什麼反應的照片，對方就會思考，你放這張照片的目的為何。可以先讓對方思考，然後說話者再以話語提出回答，這樣聽的人就會努力看、也會努力聽。

照片盡可能像是漢堡排便當那樣。

最好是有被攝體和許多東西一起入鏡的照片。一定會有完全沒注意到漢堡排，卻發現了紅蘿蔔、或者特別留意菠菜的人。可能是因為喜歡紅蘿蔔、或者是菠菜農家。那些人會找出與說話者的共通點、因而產生好感。

這樣一來簡報的目的就幾乎達成了。

不能用插圖的理由便在於此，因為無法像照片那樣，期待偶然進入畫面的東西、引發偶然的好感。

只要有照片，接下來只需要說明那張照片，幾乎就能做完自我介紹類的簡報了。

不要發資料

不管是商務簡報還是個人性的，簡報都盡可能不要發資料比較好。

理由有兩個。

首先，如果發資料下去，拿到的人一定會想要馬上看完。這樣一來，絕對會在說話前就有人已經把資料看完了，對於那些人來說，簡報只是把寫在資料上的內容唸一遍，非常無趣。

因此最好不要發資料。如果要發的話，最好是看了也不明白是什麼內容的資料。如果一定要發的話，原則上應該要將投影用及分發用的資料分開。

不發資料比較好的理由，另一個就是資料很有可能會自力更生。

自力更生的資料是誤解的源頭。

簡報或者演講的時候，會有一種只有在現場的人共有的氣氛，一定會有在現場聆聽當下才能笑出來的話語。就像是只有在同一個地方的人，才會通用的秘密通關用語。

但是那大部分都無法傳達給不在現場的人。

政治家經常失言，但那種情況通常出現在支持者眾多的場合當中。雖然不是所有失言都是那樣，但經常會是在那個場合下大家都懂的笑話，不過對於不在場的人來說，就是一種失言。我們無法否定聽的人感受到的溫度差異，才造成了所謂失言的可能性。

溫度差異是必然存在的。

因此，如果想避免因為那些差異而引發議論，那麼就必須保護自己、不能讓說話內容流到那些溫度低的地方去。自衛的方法之一，就是不要發資料。

能站不要坐、能走就要動

如果能夠站起來走動的話，那麼簡報的時候就不應該坐著。這是基本中的基本。

要問為什麼不能坐著，首先是因為會看起來生命力不足。相較於枯萎憔悴的簡報者，有活力又活潑的簡報者，會讓人覺得比較有魅力、想聽這個人說話。因此，說話者為了要展現出自己有活力的一面，應該要站著說話。如果能夠站的話，絕對不能說「那麼我就坐著報告了」。這不管是商務簡報還是自我介紹都是一樣的。

不過，如果只是站著做簡報，還是不夠充分。

若是有準備講台、而且還放了固定的麥克風的話，那的確是比較麻煩，但盡可能還是不要被這個規格給限制住。因為在講台上做簡報，非常容易給人一種大官開記者會那樣單調、無聊、沒趣、催眠的印象。

因此，最好能適當地動一動。

我想大家都有聽說過，一直坐在桌子前想不出什麼好點子，但為了轉換心情出去散散步，卻馬上就浮現主意的例子對吧。挪動身體，能夠打開促進輸出的腦部開關。這樣一來，當然應該要活用在輸出的場面上。

如果能夠選擇，最好使用手持麥克風，更好的是耳麥。這樣一來就兩手都能使用，可以做出更加豐富的肢體語言。

不過，要是模仿賈伯斯[1]、或者是桑德爾教授[2]那樣，繞著舞台踱步、並且重複誇張動作的簡報方式，日本人做起來總是有些過火。

因此，適當移動即可。當然，這個所謂適當非常困難。

1　史蒂芬．賈伯斯（Steve Jobs，1955～2011），蘋果公司創辦人。

2　麥可．桑德爾（Michael Sandel，1953～）美國政治哲學家、哈佛大學政治哲學教授，在哈佛大學講授「正義」課程大受歡迎，且於全球進行相關演講。著有《正義：一場思辨之旅》等書。

為了要跨越這層障壁，請找出你希望作為自己範本的簡報者。找出來之後，模仿他就可以了。

現在有YouTube如此方便的東西，日本國內也經常會到處舉辦商務比稿競賽等，因此一定可以找到擅長做簡報的日本人。

政治家不能當成範本。政治家當中也有非常擅長做簡報的人，但模仿他們，就會變成簡報做很好的政治家風格，這對於商務人士來說並不是很好。畢竟，如果被告知簡報看起來很像政治家，我想應該不會有人感到高興吧？

有沒有可以模仿的範本對象，進步的速度會差之千里。這個部分在下一章還會詳細說明。

別打算讓100人都喜歡上你

簡報甚至是演講，聽的人可能會達上百人。這種時候，絕對不能做的事情就是自己一個人一直講下去。雖然實際上是一個人在說話沒錯，但絕對不可以抱持著一個人面對一片虛空講話的心情。

聽的人不可能每個都有相同的反應。覺得有趣的人、熱情聽講的人、似乎是在聽卻沒在聽的人、左耳進右耳出的人、根本不想聽的人等等，五花八門。

這種時候，應該要盡早找出聽眾當中那些非常熱烈聽講的人。訊號就是聽到笑話會笑、拍手的時機非常早、眼睛閃閃發光等。

如果能找到這種可能成為自己的超級愛好者、頭號粉絲般的人，那就太幸運了。之後就一直朝著那個人簡報。因為把心神集中在最有反應的人身上，簡報的人當然也會十分熱烈，結果就是會做出一場不錯的簡報。就算沒能找到超級粉絲，也應該要在當下鎖定相對願意聽你說話的人。

相反地，不要因為現場有 100 位聽眾，就覺得要讓 100 人都喜歡上你，試圖想讓那些沒有在聽的人聽你說話。這絕對是徒勞無功。要讓所有人都變成自己的粉絲，是不可能的任務。

尤其是演講的時候更是如此，甚至有那種散發出懷疑我方說話內容氣氛的聽眾，連說話者都不禁狐疑這個人到底是為何特地撥出時間來這裡的呢？一定會有這種人，而且意外地還不少。

這種聽眾就盡量無視他。如果被負面存在扯了後腿就太不划算了。還不如對那些好好聽講的人，確實傳達自己所說的內容。如果聽的人有100位，當中找到一位超級大粉絲，那麼演講這個輸出工作就算是非常成功的了。

這不管在演講或者幾個人的聚會當中都是一樣的。如果當下因為說話而能找到一個與你感情融洽的人，那麼可說你的輸出就是非常有意義的。

第4章

操作印象的「外觀」輸出術

戰略性視覺樣貌建議

輸出為自我表現

就算是讀同一本書，每個人抱持的感想也是各式各樣。就算有類似的感受，只要不是語彙少到不能再少，用來表現那份情緒的話語應該也會不盡相同。

也就是說，即使輸入了一樣的內容，輸出的東西也會有所差異。

會有所不同的理由，就在於能夠同時閱讀10本什麼樣的書籍（後面會詳細說明）。藉由先前累積的輸入內容，與新輸入的內容產生化學反應之後，就會產生感想這個輸出物品。因此先前輸入的東西若是有所不同，那麼會有不同的感想可說是理所當然。所謂「先前輸入的東西」，以其他詞彙來表達的話，就是「培養當事者成長的文化」。

因此，其實並沒有所謂隨處可見的感想。

即使是以相同方式培育出來的人，先前所接收的輸入也不可能完全相同，因此自己輸出的東西也會改變。

正因如此，輸出的內容無論如何都是非常具個性的，不管是什麼樣的內容都是獨一無二的。輸出這件事情，可說就是表現出世上沒有第二人的自我。

雖然這本書主要是以語言（書寫、述說）來談論輸出，但當然輸出的手段也有些是不需要使用語言的，繪畫以及音樂都是非常好的例子。不過我想最貼近大家日常、所有人都非做不可的非言語交際的自我表現，應該就是如何打理自己的外貌吧。

穿什麼、髮型如何，這些全都是輸出，而且還是不需要使用語言，就能夠表達給對方的輸出。對於外觀這種輸出方式毫不在意，就是放棄自我表現。希望別人如何看你、想要讓周遭接收什麼樣的輸入內容，這些都應該要經常放在心上。

新但便宜的服裝，比貴卻老舊的服裝好

待在自己家裡的時候，我通常穿著 Patagonia[1] 的服裝。有很多件已經穿了十年以上，因此非常貼合我的身體，和剛買的時候相比，穿起來實在舒服得太多，因此我不曾考慮要換新。

而我外出的時候，就會更換為別的衣服。也許全世界對 Patagonia 的認知都是戶外服裝，但對我來說，它們就是我的室內服。

要從室內服換成什麼樣的服裝外出呢？首先是 Uniqlo[2]。

我家裡的 Uniqlo 服裝全部都是新的，沒有一件是舊的。我會換下老舊的 Patagonia，穿上嶄新的 Uniqlo。

就算是昂貴的衣服，如果既老舊又軟趴趴，那麼穿著這件衣服的人，也會看起來老舊又軟趴趴。而嶄新又硬挺的服裝，能讓穿著的人也看起來清新有活力。這方面來說，穿過幾次遠比價格來得重要許多。

有時候非得穿上西裝不可，那麼我就會買雙新的 Uniqlo 襪子，白襯衫也是去鐮倉成衣[3]新買一件襯衫。其實大家並不會留意到是 Uniqlo 或鐮倉成衣。

而 Uniqlo 和鐮倉成衣若是穿過好幾次，就會開始變得軟趴趴。但是它們軟掉以後，對我來說卻不像 Patagonia 那樣舒適，因此不管是在家或者外出都沒有再次穿上的機會，就只好向它們道別了。

白襯衫我會輕鬆處理掉，不過任務結束的襪子和內衣褲，我會在旅行途中與它們分手。

我會把老舊的襪子全都聚集起來，在出門旅行的時候帶走它們，讓它們在我的旅途上發揮最後一次功用，然後消失在垃圾桶中。如果旅行時間是兩週，那麼行李箱也會空出不少位置，就能夠用來擺放購買的伴手禮。

1　Patagonia 為美國戶外服裝品牌。
2　Uniqlo 為日本知名成衣店家。
3　鐮倉成衣為日本成衣店家，以上班族服裝、襯衫為主。

最近只要襪子一變多，我就計畫要去旅行。

用視覺幫自己貼標籤

Patagonia服裝的優點，就在於越穿會越貼合自己的身體線條，畢竟是戶外用的服裝，魅力就在於穿著時能感到非常舒適。

因此，外出的時候如果要在Uniqlo外頭再套一件什麼服裝，我通常還是會選擇戶外服裝品牌。最近我會穿一個品牌名稱為ANTIBALLISTIC的針織衫等服裝，這個牌子大多是美國住在聖塔菲地區的原住民的圖樣、也有一些聖塔菲的圖樣。

大約十年前，我不知道那是ANTIBALLISTIC的夾克，只是在OSHMAN'S[1]買下，那時真的非常喜歡。最近想起了這件事情，覺得似乎沒什麼人在穿聖塔菲圖樣的衣服，所以才打算買幾件新的來穿。

拿出十年前的夾克一看，發現標籤上寫著 ANTIBALLISTIC，搜尋了一下發現 Amazon 網站上有在賣，所以我就買來穿了，因為我覺得，冬天的時候讓人覺得我是個會穿聖塔菲圖樣的人還不錯。

相同地，因為我夏天想讓人認為自己是個夏威夷風的人，所以老是穿著夏威夷衫。

雖然選擇夏威夷衫的理由也可以是穿起來輕鬆、設計豐富不容易與人撞衫等等，不過最重要的還是因為我希望大家覺得：「成毛先生？噢，就是那個穿夏威夷衫的。」

還有我希望人家會說我：「噢，就是那個長了鬍子就很像柳樂健壹[2]的人對吧。」實際上我也這樣做過自我介紹。

1　OSHMAN'S，美國運動用品商店，於日本有連鎖分店。

2　柳樂健壹，日本的民謠歌手、演員。

這樣一來，就會留在他人的記憶當中。

我曾經任職微軟的社長、也經營 HONZ、還出了好幾本書，但這樣還是不會留在別人的記憶當中，大家不記得我的程度到了令人吃驚的地步。當然，我也對於自己完全不記得別人的情況感到吃驚。

當然如果我的名字是小泉角榮[1]之類的，大家可能就會有印象了吧。

我換個話題。有位名叫江戶川亂步的推理作家，他最厲害的地方不是故事性或者其他方面，正是因為他借用愛倫坡的名字作為筆名[2]。如果他以本名平井太郎從事寫作活動，恐怕難以就此深刻留在人們的記憶當中。

主角明智小五郎的名字，也巧妙地融合了最後背叛織田信長的知性派明智光秀、與雖然樸素卻四處大出風頭的桂小五郎，打造出一個好似聰慧卻又不盡然的形象。

《犬神家一族[3]》也是，若事情發生在佐藤家還是田中家，應該就不會那麼有氣氛了。石川五右衛門[4]誠然如此，尚萬強[5]亦然。

話雖如此，現代的商務人士也不能自此獲得靈感，說什麼「從今天開始請叫我西鄉利通[6]吧」，那樣只會被人覺得是個腦袋奇怪的傢伙。

因此，要留在人們的記憶當中，就得在名字以外的地方下功夫才行。

不管用話語做了多棒的輸出、而且有讓人記住了內容，但對方卻忘了這輸出內容是誰提出的東西，那麼輸出的意義就大打折扣了。

1　這是把日本兩位前首相小泉純一郎和田中角榮拼在一起的名字。

2　江戶川亂步的發音 EDOGAWA RANPO 是愛倫坡 Edgar Allan Poe 的諧音。

3　橫溝正史的推理小說，曾多次改編為電影。

4　石川五右衛門為日本戰國前期一個劫富濟貧的大盜，留下許多傳說故事。

5　尚萬強，歌劇《悲慘世界》的角色之一。

6　將西鄉隆盛及大久保利通兩個名字拼在一起。兩人都是政治家，為明治維新時的主要推手，與木戶孝允合稱「維新三傑」。另外，木戶孝允是接受賜姓改名後的姓名，在那之前他叫做桂小五郎，就是前文提到的明智小五郎的由來。

因此，為了要留在他人的記憶當中，我穿夏威夷衫、穿聖塔菲圖樣。

另外，我的 SNS 大頭貼也統一使用南曉子小姐幫我畫的插圖，這也是因為希望大家記得「就是那個紅色背景推眼鏡的人」。

視覺比起成毛真等文字容易留在人的記憶當中，我活用視覺作為留下記憶的標籤。

範本不是模特兒，而是店員

當然就算是我，也不可能整年都穿著夏威夷衫和聖塔菲圖樣，有時候還是會穿西裝。

購買西裝的時候，應該要以什麼作為參考呢？當然不是那種有壞大叔氣息的模特兒會出現的雜誌。我並沒有長一副義大利面孔，日本的雜誌也不太對，為了要幫外行人選擇服裝，必須要借用銷售專家的力量。

最近也有一些個人經營的服裝挑選師，但其實還有大家都能輕鬆拜託的對象。

那就是百貨公司的銷售員。

他們可是服裝的專家，而且接待過許多外行人，因此，我們有預算的問題、也沒有像東出昌大或向井理[1]那樣的長腿，這種事情他們都非常清楚，能讓我們商量。

但是，百貨公司有許多販賣人員，應該要從當中選擇哪一位呢？

我最推薦的，是比自己稍微年輕一些的人。

所謂稍微年輕一點的人，也可以說是和自己精神年齡差不多的人。

1　東出昌大、向井理，兩人都是當紅的年輕男性演員。

有些人即使已經40歲了，心情上卻還保持30歲；也有人雖然想著我才40呢，卻不知不覺已經年過50。這種情況來說，前者要找30歲左右的銷售員；而後者則應該尋求40歲左右的銷售員協助。

如果詢問意見的對象，是冷靜正直且差不多年紀的人，買了以後總會覺得似乎有點老氣，也就不太想穿那件衣服了。

所以應該要以精神年齡為標準。

那麼，若是有好幾位和精神年齡差不多的銷售員，又該找哪一位呢？答案非常簡單明瞭，就是你自己覺得他身上的服裝很不錯、而且穿得很好看的那位。

如果找到這種人，可以這樣拜託他：

「你穿的這套衣服實在太棒了，我想買一套一樣的。」

沒有一位銷售員聽到這話會覺得不開心。

他們可是將一年的賭注都下在此，以自己作為模特兒把想要賣出去的東西穿在身上的，如此認可他們，當然十分開心。

不過，當然沒有必要真的買完全一樣的東西。只要告訴他預算，他就會為你介紹非常類似，但是較為便宜的款式。

在百貨公司買東西，只要想想這其實包含了專家中的專家給你個人服裝建議的費用，就覺得實在不算太貴。

外觀無法挽回

與精神年齡較接近的銷售員商量比較好，這樣心情上比較不會老化，但重要的是外貌上也不會過於老化。雖然不至於非得如此不可，但是看起來年輕些會比較好。

舉例來說，若是白髮非常顯眼就染髮、肌膚乾燥就保養一下皮膚，大概這種程度也就足夠了。與其說是不要老化，倒不如說只要可以減緩老化的腳步就行了。

要問為何減緩老化腳步會比較好，那是因為想要符合自己的年齡這種事情，隨時都能辦到。

只要沒染髮，我的頭髮就是全白的。若是全白就放任它們白到發亮，打造出像司馬遼太郎[1]那種風格，或許發言也會變得非常有份量，然而一旦走上司馬遼太郎路線，那麼就再也無法將頭髮改變為有顏色的樣子了。

黑髮在不知不覺間就會變白，這非常自然。但不管是當事人、或者是周遭的人，都非常不習慣反過來的流程。就像是習慣看著多的東西慢慢減少，要是少的東西忽然變多了，姑且不論本人的想法，周遭的人肯定會非常迷惘。

變白了以後再來染黑，可以作為驚擾周遭之人的惡作劇，但那並不會被認為是返老還童，反而讓人覺得太過勉強。這可不是我希望留在他人記憶中的方式，所以我不會這麼做。

相同地，我也不會留鬍子。

有些男性認為自己看起來太年輕，就試著蓄鬍來營造度量，但那種事情隨時都辦得到。其實應該要對於自己看起來年輕這點感到開心才是。

為何要放袋巾、要戴眼鏡？

穿著西裝外套的時候，我一定會在口袋裡放條袋巾。

倒不是說我覺得這樣比較好，而是因為有一次，我留意到發言及行動不夠俐落的人，多半都沒有放袋巾。

由於我不希望自己變成那樣、我希望自己是放了袋巾的那類人，因此我放

1　司馬遼太郎（1923～1996），日本著名小說家。

袋巾。

以我來說剛好這個東西是袋巾，對於其他人來說，也許是袖扣也不一定，又或者是西裝內裡的花色。在這些小地方上，決定好自己屬於哪一邊，就會形成某些規則。而遵守這些事情，就會引起他人談論「那個人非常有個性」、「那個人打扮很有格調」。

因此，工作上經常穿著西裝的人，請向百貨公司的店員商量出一個大致上的框架，而細節部分，就想著希望自己能夠如何、不想看起來如何等來決定，自然就能夠架構出「個人風格」。

眼鏡也是我自己決定要戴的。

雖然也是因為視力上需要戴，不過最近有很多人會使用隱形眼鏡。掛著眼鏡這件事情，本身就是我前面所寫的，像是一種標籤，而且我認為眼鏡是最適合用來作為自我企劃、表現出想讓人看見的自己的小道具。

希望看起來真誠又老實就戴黑色方框、想看起來像個學者就戴倒梯形或者粗框眼鏡、希望別人覺得自己是藝術風格就戴圓眼鏡等等，很容易就能改變形象。不清楚眼鏡的區別也沒有關係，只要去找眼鏡行商量就好，那裡一定會有專家。我個人是推薦 Alain Mikli 這間店家。

尤其是年齡漸長以後，就算視力沒有問題也最好戴著眼鏡，而且是越誇張越好，這是因為，表情會看起來比較明亮。只要年紀一大，無論如何肌膚就是會看起來黯淡無光，而能夠掩飾這一點的，就是眼鏡。

如果年紀頗長的老奶奶帶著粉紅色像蝴蝶一般的眼鏡，看到的人不也會覺得有股幸福感嗎？眼鏡是很偉大的。

第5章

要輸入就輸入「技巧方法」而非「知識」

潛藏於日常中的優良輸入來源

是輸入 What 還是 How

歌舞伎演員當中有許多很會打高爾夫球的人，這是由於舞蹈以及高爾夫都是用眼睛觀看人類的身體動作來進行輸入，然後挪動自己的身體作為輸出，在這方面，兩者是相同的。另外，對於他們來說，輸入這個行為的前提，就是要執行輸出。

我們也這麼做即可。

我在第1章當中已經提過，成人大多輸入過度。應該有很多人每天都有相同的感受。

因為輸入過多，所以最好是不要再輸入任何東西，但這也非常困難。不管在哪裡做什麼，當今世上要遮蔽輸入是非常困難的。

因此，反正一定要輸入，那麼就只輸入必需的東西、欠缺的東西，那些不需要的、過多的就應該要先忽略。

我們平常下意識地會進行輸入，藉由輸入增加知識（What）、累積技巧（How）。

於此時，必須充分明白知識與技巧是不一樣的。

輸入過剩的，通常都是知識相關的輸入內容，也就是上網搜尋就可以找到的內容。這些東西實在是不需要再繼續輸入了，只要根據需求去調查就可以。

但是，在輸入知識的時候有其愉悅之處也是事實，我想喜歡讀書的人應該都會贊同這個論點。

因此我推薦不必像知識王那樣，想要什麼都知道，而是有效率地輸入那些經由專家之手挑選過、整理過的資訊。舉例來說，像是要閱讀未知領域的入門書的話，就選擇最薄的那一本。

與知識相比，技術的輸入就很可能還非常不足。例外的就是寫文章的方法，這在國中小學已經學習了很多。

另外，技巧的輸入也有兩種方法。

一種是以語言來輸入執行方式。例子就是閱讀說明手冊、在桌前學習等。

另一種就是觀看實際的執行方式來進行輸入。也就是像歌舞伎演員為了記住舞蹈，而觀看前人的舞蹈那樣的輸入方式。

而大多數人都是以語言輸入過剩，觀察輸入則不足。

畢竟觀察必須花費相當的時間，因此很容易覺得以觀察的方式來記住技巧非常沒有效率，但其實有許多不管讀多少書也辦不到的事情，只要模仿一下，馬上就能夠做到了。

能使用的時間是有限的，因此最好放在心上的兩件事情就是，輸入知識必須經過挑選、以及輸入技巧不要用語言而是用動作。

不要接近討厭的、不擅長應付的東西

知識輸入過剩的人大多非常認真。想要學習的欲望強烈，因此把自己逼到輸入過多的窘境。當中甚至有人非常積極想要克服自己不擅長應付的東西、希望能喜歡原先討厭的東西，為此把這件事情也當成努力的一環而勤於輸入。

如果擁有這樣勤勉向學熱情的人是10幾歲的年輕人，那麼我也許會支持他。

但若是已經年過30，我會覺得你到底在做什麼蠢事，為何要把寶貴的時間用在你不擅長應付、討厭的東西上呢？我完全無法理解。

首先，這些時間你絕對不是開心的。應該會經常感受到好討厭、我不想做、好無聊、我到底為什麼要做這種事情。你為什麼要對自己那樣嚴厲呢？

而且要處理不擅長應付的事物這種苦行、面對討厭的東西這種艱困，假設都達到了成果，不擅長的事情可以做到和一般人差不多了、討厭的東西也沒有那麼討厭了，那麼究竟有何意義呢？看看周遭，就算不做那些苦行或艱困的事情，應該也還是有許多和你程度差不多的人才是。努力的方向根本錯了。這份努力就像是居住在沙漠當中卻要學游泳一樣。

與其把時間浪費在那些事情上，還不如將努力灌注在讓自己擅長的事情更加擅長、喜歡的東西更加喜愛，在那些領域上與周遭拉出差距，這樣才能與人有所不同。

唯一的例外，就是關於書寫、說話、傳達念頭的方法等等，也就是輸出自我的技術，仍然需要提升。就只有這些技巧，如果沒有至少達到平均程度的話，那麼就無法傳達給別人、損失很大。

不過，其他事情就不必太勉強，如果正在進行就放棄吧。不要讀不擅長領域的書籍、不接觸討厭的資訊，這樣一來，就會減少無謂的輸入，原先用來進行無謂輸入的時間，也能用在其他方面。

什麼都有的 NHK

關於擅長的、得意事項相關的輸入，可以好好利用電視。NHK就很不錯。會說NHK好，是因為他們可以使用較為豐厚的預算，做一些只有NHK才能辦得到的採訪內容，也就是所謂「取得特別許可之攝影」，這在日本是NHK的專利特權。就算是同一個主題的節目，和其他電視台相比，NHK的節目品質有高得驚人的傾向。

另外，民營電視台在廣告前後會播放相同的影片，拚了命地要引起視聽者的關注，但NHK卻不會這麼做。

而且會把採訪結果好好編輯過後才播放。

NHK的25分鐘節目當中，有一個名為《紀錄72小時》的節目。這是將72小時，也就是耗費三天採訪的內容，濃縮成25分鐘的節目。72小時是4320分鐘，因此播放出來的只有72小時當中的0.5％左右，99.5％都被刪減掉了，剩下的25分鐘就是精華，能夠高效率吸收攝取。

另外，NHK的旁白如同前面所提的，是以1分鐘300個文字的慢速度來說的。因此，就算是快轉1.3倍來聽都不會覺得奇怪。

除了從現場直播的新聞等類，電視節目我都是錄起來看，理由正是因為可以快轉成1.3倍速。滿滿60分鐘的節目也是這麼做，大約46分鐘就能看完。精華可以更加濃縮，這個差異實在很大，所以我一定錄起來看。

另外，電視並不需要集中精神去看，只要像BGM一樣，在家的時候播放著聽就可以了。

雖然有些人說電視的時代已經結束了，但大多數的家庭，還是將電視放在一個很不錯的場所。若只是放在那兒，也未免太可惜了。為了偶然可能靈機一動，畫面上最好經常性播放著快轉為1.3倍的NHK節目。

為何應該要看 TED

我想，聽見 TED 還會反問「那是什麼？」的人應該已經為數不多了。這是由非營利團體在加拿大舉辦的研討會，並且該研討會的內容會經由網路直播到全世界。

主題和講者通常都非常符合潮流時事，我想讀者應該多少有看過。而我要說的是，你的確應該要看。

TED 上的演講內容有被翻譯成日文放到網站上。如果有想要輸入的知識，讀這些就可以了。

不過如果想學習的是簡報的技巧，那麼就算是使用你不懂的語言，也應該要看影片。

電影或者連續劇在沒有字幕或配音的情況下，也還是多少能夠理解內容。那是由於當中包含了大量除了語言以外的表現。要從 TED 學習的，就是這種表現技巧。

因此就算很花時間，還是應該要看TED。

另外，如果要去聽演講之類的，那麼最好是去看商務競賽等。演講大多只能獲得知識，但若是商務競賽，畢竟是花了錢的比賽，因此會隨處可見為求獲勝而下的功夫。一定能找到比較容易模仿的。

如果要去聽演講，那麼不應該是為了獲得知識而去，必須是為了能夠與演講者變得較為親近而去。

在第3章也有提到，演講者會在聽講者之中尋找能夠成為自己粉絲的人、對著那個人說話。也許有的人不會這樣，但我是會這麼做的。

因此，對於該演講者談的內容做出較為誇張的反應、炒熱氣氛、讓他比較好說話，那麼演講者一定會對你留下印象。

演講之後演講者面前經常會有交換名片的人龍，但就算在那時候與演講者交換名片，也不會留在他的記憶當中。例外就只有在稍早的演講當中，熱烈過頭聽著演講內容的人。

如此一來，對方可能就會記得你的名字和單位。如果要特地花時間去聽演講，那麼就應該要徹底執行、取得這點回饋才是。

如果不是的話，那麼在家裡看 TED 就好了。

名為製作花絮的寶庫

我最近提起了對繪畫的興趣。雖然從以前就喜歡鑑賞了，不過我最近開始想要自己畫畫看。

但是很遺憾，在過去的學校教育當中，並沒有充分教導繪畫技巧。也許當時曾經有教過，但我早就忘光了。因此我要學習。

雖然也買了書來讀，不過最棒的還是水彩畫家永山裕子小姐的《永山流 水彩畫法》的 DVD。

這片 DVD 是針對專家美麗的繪畫，解說這是如何畫出來的，也就是把製作方式的過程都展現在大家眼前。就算是外行人，也能從影片當中學習到非常多東西。我在影片裡看到了許多不看就無法明白的事情。

經常有人說，要提升繪畫的技巧，就應該多鑑賞繪畫；也有人說想將樂器演奏好，就應該多聽好演奏。但是，只做那些是無法提升技術的。

輸入了成果非常好的內容，就能夠作為輸出能源的，就只有擁有輸出技巧的人。

如果沒有技巧，就算輸入了成果非常好的東西，也許能夠成為專門的鑑賞人員，但仍然無法成為輸出的人。運動也是一樣，如果一直看優秀的比賽，那麼也許能夠說出像是評論家內容的言論，但自己仍舊是無法參與那項運動。

因此，製作花絮能夠幫上大忙。

現在除了電視以外，網路上的料理影片也非常受歡迎，正是因為有許多只以文字閱讀食譜時也看不懂的技巧，只要看影片就能明白了。

影片當中有只靠文字無法傳達的東西。當然，光是一直吃美食也無法明白的技巧，也是製作花絮影片才能表現的。

看著專家的製作花絮影片，會發現有一些可能真的是模仿不來的東西。但是，也會有那種讓人覺得，如果是這種程度，說不定我模仿一下就能辦到的東西。那正是深層心理告訴你，去做做看、這是你擅長的輸出工作。

如果購買電影的 DVD 或藍光片，有的也會附贈製作花絮影片。在看了電影這個成果物品以後，再去看製作花絮，就能明白那部作品的厲害之處、甚至是作品令人難以忘懷的理由。而那當中一定會反映出自己要表現影像時，能夠作為基礎的知識以及技巧方法。光是看作品無法得到的東西，只要連同製作花絮一起觀看就能得到。

近來在影像服務網站上，可以看到為數眾多的電影，非常可惜的是不太會看到製作花絮。真希望他們能把花絮也放上網站。

另外，YouTube 上有國立研究開發法人　科學技術振興機構（JST）上傳的製作花絮集。

黑輪、毛巾、鬃刷、花林糖、撞球桌等等，各式各樣使用專用機械製作的東西，當然這幾乎都是模仿不來的，但一不小心看起來，真是不覺時光飛逝。除非開到不能再開，否則絕對不能打開這些影片。

落語[1]比英語好

繪畫、音樂、料理等輸出的技巧，與其以成果物品學習，不如從製作過程學習，效率絕對壓倒性的高，不過若是已經具備一定程度輸出技巧的東西，比如撰寫文章、說話這一類的，就算沒有過程，也可以模仿某個人寫的東西、或者模仿其他人說話。

問題是該模仿誰。

如果要學習說話術，我實在不建議學習那些被認為很會說話的搞笑藝人。

最近的搞笑藝人大多屬於反應型表現方式，就算學習反應，也大多無法學習輸出方式。

而且搞笑的內容有時候會非常具攻擊性，大多只能在可容忍該攻擊性的場合當中通用。在商務場合當中就算模仿搞笑藝人，也只會讓人覺得無藥可救。

而且，說話術當中最應當學習的，並不是用字遣詞或發音等，首先要學的是節奏感。

據說田中角榮在年幼的時候非常煩惱口吃，因此他學習浪曲[2]克服了口吃，這個故事非常有名。在他之後也有部電影《王者之聲》是根據史實改編的，當中的英王喬治六世在還是約克公爵的時代有口吃，卻被點出唱歌的時候並不會口吃。

1　日本一種傳統藝術表演，由落語家坐著說故事。

2　又稱浪花曲，為日本一種說唱藝術。

只要有節奏，話語就能說出口。只要順著那個節奏，就能夠好好說話。

那麼應該要在哪裡學習節奏呢？在日本的話，想當然耳就是落語了。

據說落語家目前大約有800人左右，不過應該要先聽的，並不是還在世的落語家，而是於2001年時，年紀輕輕就過世的古今亭志朝的落語。他的節奏感實在非常棒，如果連一次都沒聽過的話，那實在損失太大了，請務必聽一聽。可以的話就多聽幾次。

如果是還在人世的對象，那麼就肯定是已經被列為人間國寶的柳家小三治了。他的節奏感也非常好，空檔也很獨特，可以從他的身上學習到「一直說下去」絕非好事。

我經常看見有廣告說英文只要聽著聽著就能會說了，我實在不明白。不過如果是落語，應該發現自己聽著聽著，就能夠用像是落語的節奏感在說話。商務人士並不需要模仿落語，但只要聽著，應該就會某天發現自己的說話方式當中，能夠找出某種落語般的節奏感。

當今自動翻譯的精密度已經大幅提升，如果有時間熱烈學習不知何時才會用到的英文，還不如集中心神讓自己日文的節奏變好。畢竟只需要聽專家講故事，根本沒什麼痛苦的，開心得很哪。

在剃頭店學習以「對了……」帶出話題

在東京久我山，有一間名為「Watanabe Barbiere」的店家，是間理髮店。它並不是美容院，而是單純的剃頭店。不過以剃頭店來說，是挺時髦的。

我都是到這間店理頭髮，理由並不是老闆的技術高明或者店面的氣氛。當然這兩者都非常不錯，不過更重要的是老闆談話實在風趣，更正確點說，是他非常會閒聊，剪頭髮剃鬍子的一小時之內，完全不會覺得無聊。

為什麼他聊天會這麼有趣呢？以我自己的方法分析之後，得知理由有兩個。

首先，他與地方關係密切。

由於久我山是住宅區，因此前來店家的基本上都是住在這裡的人，話題通常也是以這一帶為主。如果一天有8位客人上門，那麼就是和8位當地通談話。老闆會一邊與他們談話、一邊吸收話題，因此對於這個街道上的變化也非常清楚。同時就算聽了傳聞也絕不說人壞話，他非常明白做生意的基本。

另外，他也非常會推展話題。他並不會在一小時內一直說一樣的事情，會使用「對了」、「對了」來不斷改變話題。這也表示他有如此多話題可用。他應該是觀察客人的反應，判斷這個人是否接受此話題吧。如果有8位客人，並不會對著8位客人說一樣的內容，而是以「這位客人應該可以談這個話題吧」的情況來做選擇。

這位老闆所做的事情，就是編輯。他並非單純向大家報告說有這樣的事情，而是向大家提出「有這樣的事情喔！」如果你覺得這個有趣，那麼還有另外的話題。就像是手腕非常高明的禮賓員那樣，讓世界上最難聊的隨意聊聊變得非常有趣。

這些年來大受歡迎的酒吧熱潮，也是由於酒吧的媽媽桑們能夠提出編輯過的閒聊話題。在那種地方會覺得舒適，正是由於有趣的閒聊。理髮店、小酒吧或者沙龍都一樣，在這種地方最重要的接待，就是有趣的閒聊。

反過來說，無法閒聊的空間總是會讓人覺得有些彆扭。

有些人在工作上可以大放厥詞，一旦開始閒聊就成了安靜的乖寶寶，我想那是因為他們沒有辦法聊工作以外的事情。這是由於他們沒有「對了」的契機。一旦開始談工作的事情，就非常害怕話題會岔開。

但是，閒聊就用「對了」帶出另一個閒聊引子，有時候也能抵達未曾想過的話題。而那是只聊工作絕對無法達到的境界。

閒聊閒談乍看之下非常浪費時間，但實際上，卻能夠讓人走到無法想像的領域去。

不擅長的事情不學也沒關係，但畢竟剪頭髮的時間也不能做什麼其他的事，不如就向很擅長閒聊的老闆見習一下說話吧。

書就是要同時看10本！

很擅長閒聊閒談的人，都非常擅長編輯大量獲得的資訊。

要模仿他們、又不能陷入輸入過剩的窘境，就不能隨意地到處輸入，而必須要獲得一些本人不編輯就無法相連的話題與知識。

因此我用1.3倍的「流動式」方法觀看電視節目，不過畢竟會讀這本書的人想必是喜歡看書，因此我還是來寫一下如何用書籍來實踐的方法。

那就是同時看10本書。世面上甚至有一本《書要同時看10本！》的書籍。作者就是我。

所以我想可能有些人已經知道這件事情了，畢竟這是輸入的秘訣，以下仍然敘述一下。

同時讀10本書，能夠引發讀的那個人身上才會產生的化學反應。

舉例來說，同時閱讀行銷的書、馬拉松的書、佛像的書、量子電腦的書、應仁之亂的書、低溫料理的書、鍛刀的書、仙人掌的書、威士忌的書、椅子設計的書。

我想，就算找遍全世界，除了自己以外，當下應該不會有任何人同時看這10本書的。也就是說，能夠讓這10本書與現在的社會狀況起化學反應的，就只有我自己。

這10本書對於稍早提的理髮店來說，就是那天進店裡的10位客人所帶來的話題。

因此，應該要同時看10本書。

不過，以理髮店來說，對前來店裡的第1個、第2個客人都說一樣的話題，想必十分無趣。因此讀書也是一樣，不要同時讀相同領域的書籍。就算有好幾本想看的書，一個領域還是限定在1本，讀完了再看下一本。

看電視的時候也要考量這一點。就算是一系列的節目錄了好幾週，也不要一直看下去。科學節目之後看歷史節目、歷史節目之後看旅遊節目等等，以這種方式不斷洗牌更換。

同時讀10本書最重要的，就是要先明白化學作用不會馬上發生。如果一直期待著某個時間能夠發生爆炸性的激烈反應，那也實在是太累人了。

化學反應並不一定是馬上就能夠顯現的東西，有些是需要花點時間的。好酒沉甕底、老酒才更香，正是因為化學作用慢慢生效。

如果只是裝作有看書，那就別看了

有人說發問為一時之恥、不問為一生之恥。如果一輩子都能隱瞞自己不知道的事情，那也許並不會太過羞恥，但那樣損失很大。如果不會為了知道些什麼而害怕一時之恥，那麼除了「對了」連鎖以外，也許還能遇上其他有趣的事情，因此最好不要裝成自己知道。

即使如此，有些人還是想裝成知道的樣子，就會看個濃縮版之類的。尤其是那些覺得讀起來非常令人煩躁的困難古典文學等等，他們可能會讀漫畫版。

了。

但這樣一來，就會遺漏那部古典文學原先所擁有的細節，就沒有讀的意義以前美國有陣子很流行《讀者文摘》這部雜誌。現在也還有發行，簡單來說就是放一些暢銷書的大綱內容，讓沒有讀那本書的人有已經讀過的感覺。主要讀者層是中流階級，那麼要問那些讀者有多少人脫離中流階級的呢，其實幾乎並沒有。甚至可說整個中流階級都被下層階級吞沒。

我也不太推薦有聲書。在我心中它們的地位和《讀者文摘》是一樣的。

以書籍為載體寫下的內容，聆聽某個人唸出來的聲音這件事情，若那是一本以教孩子讀音為前提而寫的書那就不在討論範圍，但其他就沒辦法了。

寫書的人是以文章被人默讀為前提寫下的。另外，就算有些人會把文體寫得稍微破碎一些，但也絕非口頭語。口頭上說「5萬」，書寫的時候還是會寫「5萬日圓」，這樣一來，用耳朵聽的時候就會覺得有些煩人。這種怪異感可不能小覷。

書寫的人也可能會嘗試以讓人讀進字裡行間的方式來寫文章，刻意下功夫讓讀者在讀過某段以後，會再次回頭閱讀。如果是有聲書，就無法享受這樣的樂趣，還有閱讀就能學習到的表現手法，若用聽的也會過耳即忘。

我想在聽過有聲書以後，會再重新去讀那本書的人應該不多吧。這樣一來，就仍然沒有讀過那本書。那麼就會錯失了機會，沒去閱讀那些不聽有聲書就可能閱讀的書籍。

因此，如果有人是在通勤時間聽有聲書，那麼應該立即停止這種行為。要聽的話不如聽落語。

專有名詞要和動詞一起使用才能發揮

在第2章當中我曾提過文章中的漢字與假名的比例，另外還有一個我在寫文章的時候會特別在意的事項，就是盡可能不使用專門性的詞彙。

小孩子會刻意想要使用剛學會的詞彙、結果誤用，而引發笑話。大人也是一樣的，知道了什麼事情以後，就喜於自己的知識增加了，而想要展現出那份知識，這就是人類。而結果就是可能造成誤用。

因此，既然可能會用不好，那麼不要用比較好。

另外還有一個不用比較好的理由。那就是不使用專門用語，就等於是暗中宣言自己並不是那個領域的專家。

為何要表明自己是個外行人比較好呢？那是因為專家可能會來指導你。

這件事情在 SNS 上特別容易感受到。如果我寫了對某件事情有興趣，就會有不知從何而來的那個領域的專家，回我非常棒的解說。讀了對方的回應以後，除了覺得非常感謝以外，也會心想，幸好我沒有裝成自己知道的樣子。

會被專家討厭的，就是那些擺出專家架子的外行人。越是想用那些自己用不好的專家工具、專門用語，一旦發生錯誤，專家對於那些外行人，會不知道應該從何回應起，只好閉上嘴巴。這樣一來，就無法獲得真正好的回應、也無法得到較佳的輸入內容。因此最好不要使用專門用語。

相反地，若是想讓人看起來精通某個領域的話，那就應該要用專門用語。不過，必須要非常留心不能露出馬腳。

舉例來說，在出版業界如果書籍暢銷，市場需要下一批的話，就叫做「二刷」、「再刷」等等。如果再刷印好了以後，就會說「再刷完成」。這個時候，如果只知道再刷這個詞彙，卻說什麼「印刷再刷」、「再刷出現了[1]」等，就會飄散出外行人氣息。

赤字也是一樣。在日本的出版業界當中，提到赤字並非指利益受損，而是指文字修正的指示等。因此這個赤字雖然是用「寫」的，但並不用「記進」，而是用「加入」來表現。

單字必須要和與其相連的動詞使用才能閃閃發光。因此，如果知道再刷這個詞彙，那麼查詢與它相連的動詞是什麼樣的東西，這個時間是不能省下來的。如果辦不到的話，就不應該使用專門用語。

SNS為單行道

在SNS上能夠在意想不到的狀況下獲得專家的智慧見解，但更加壓倒性多的情況，則是接觸到許多無謂的資訊。

除了可能是錯誤的回應或者單純的抱怨等，光是要閱讀那些文字、花腦筋解讀就非常浪費力氣。因此我盡可能不去看，也就是封鎖。

這就等於是編輯SNS的畫面。就像是把自己喜歡的、覺得好的東西優先排列在眼前，把討厭的、覺得這到底是什麼啊的那些東西都排除掉。就和雜誌的版面和精品店等是一樣的，那裡會擺些什麼東西、又或者說不放什麼也很重要。

另外，SNS給予所有人相同的發言權。這樣一來就能夠輕鬆分享深知灼見，但相對的是無用的言論也更容易擴散到社會當中。SNS上實在是玉石混淆。

1　日文中名詞「再刷」後面需接專用動詞才正確，原文中動詞為慣常誤用動詞。

在這方面，雖然這樣說是有些老王賣瓜，而且也不一定就完全如此，但是書籍通常是由具備某種程度知識見解的人撰寫的，因此混入無趣之物的比例也比較低。

因此，輸入最好是使用書籍、或像前面提到的 NHK 的節目等比較好。SNS 要用來追蹤因為書籍或節目認識的人等等，搭配輸入的東西來結合使用。

另外關於輸出方面，則不可以有所畏懼。理由我已經寫在第 1 章，不在 SNS 上輸出的人，就等同不存在該處。

那麼，該要輸出哪些東西呢？自然就是像書籍或 NHK 節目那些，已經通過出版及播映之前的濾網，那些值得信賴的輸入就是適當的主題。SNS 要用來輸出，而輸入建議還是使用其他工具。

以我來說，通常是針對新聞報導的主題來發言，畢竟已經過濾過了，也可以直接從網路上引用新聞內容，並不需要特別自己動手打字。除了針對那件事情本身的感想以外，也會使用「對了」來增添話題。

把將來可能會用於輸出的資訊累積在同一處

要用來輸出的輸入資料，在進行輸出以前都不算是完成使命。但是，輸入的東西並不一定就會立即使用在輸出，不知何時會用在何處的小資訊，只要多知道了些什麼就會繼續堆積在自己的內心。

這樣一來內心就會成為像是砂石場一樣的地方，以記憶來說，還有可能不知何時就從腦袋中消失了，如此便白費了難得的輸入。因此不該依賴自己的腦部這種不可靠的記憶裝置，應該仰仗外部的記憶裝置才是。

具體來說，就是把筆記留在電腦或者智慧型手機之類的地方。並且同一個檔案不必管前後脈絡，只要一項一項不斷往下添加內容。

以我來說，不管是看電視的時候、還是看書、又或與人見面談話，手邊一定會有智慧型手機，如果遇到了這種必須要記下來的東西，我就會打開一個名為「Captio」的應用程式，使用聲音輸入當下遇到的東西或現象名稱等，記錄下來。Captio 是一個可以傳電子郵件給自己的應用程式。

這樣一來，之後我確認郵件的時候，就會看到自己傳的那個關鍵字。當下就可以搜尋是否有要追加的資訊，有時候會看到更有趣的東西。

之後我就會打開從以前就一直記錄這類小型資訊的 Word 檔案，然後把資料複製過去。

新的資訊會在這個檔案裡與我十年前貼上去的資料共存。我對於十年前自己感興趣的東西，和現今自己有興趣的東西，是平等看待的。這裡會發生和同時讀10本書相同的化學反應。

因此我會把檔案都放在一起使用，持續更新。這樣一來，就會像是老鰻魚店的醬汁那樣，成為一鍋混沌但絕無僅有、屬於你個人的資訊筆記。

為何百貨公司地下街很有趣？

我並非安樂椅偵探[1]，而是安樂椅旅行家，其實不太喜歡出門。尤其是近年來，不管去了哪裡，到處都是人，因此我硬是要待在家裡。要是室內活動成為潮流，那我大概就會意氣風發地外出了吧。

話雖如此，我當然還是會出門，有個我每次出門都非常期待要去看看的地方。

那就是百貨公司地下街。

百貨公司地下街的樂趣之處，就在於有各式各樣的人談論或書寫五花八門的東西。流行前端、現在消費者的心情，能夠反映出這些事物的就是百貨公司地下街。

但我所期待的，並不是現在地下街有什麼。

以前在那兒的店家消失了、以前不存在的店家新開了業等等，我看的是這些變化。百貨公司地下街的有趣之處，在於那些變化。

1　推理小說當中不需要到現場、不需要前去質詢相關人員，只要聆聽他人告知案件內容便可推理出兇手的偵探。

最近有各式各樣的廠商，都將重心放在季節限定商品上。現今日本的平成之年已經結束，但能夠告知季節變化的東西還有許多，像是Garigari君[1]冰棒、哈根達斯冰淇淋、百事可樂、炒麵泡麵等等。

季節限定商品為總是販賣相同東西的便利商店與超級市場帶來變化。甚至有人會因為超商可能有新的季節限定商品，而在沒有需求的時候仍特地移步前往便利商店。

這樣一想，就覺得頻繁更替的百貨公司地下街，僅管只有一點點，也仍是在盡力產生變化，這是企業極佳的努力。另一方面，也有些不管過了幾年都沒有更換櫃位的百貨公司，就令人完全感受不到魅力。

百貨公司地下街會令人覺得有趣，正是因為每次去都能感受到其更新。

街上也是這樣，沒有變化的街道，就不需要現在去。但是會緩慢變化的街道，若是一年內都沒前往拜訪，那麼就會漏看了這一年當中的緩慢變化，因此讓人不禁想一直前去觀看。

這不僅限於百貨公司地下街。

人也是這樣的。

總是談論相同事情的人會讓人生厭。話雖如此，第二天就說著與前一天完全相反事情的人，也不值得信任。重點就在於慢慢產生變化、以免對方感到厭倦，而會讓人想定期見面。

不需要過剩的輸入，理由也在此。人只需要緩慢的變化，變化過於快速並沒有好事。

職業摔角的專業究竟是哪個部分？

最近我只要有空，就會在 YouTube 上看某個職業摔角的比賽影片。是飯伏幸太與 Yoshihiko 的比賽。

1　Garigari 君是日本知名冰棒品牌，本文中所列出的東西都是日本人會在夏天吃的食物。

詳細情況我想只要搜尋就會知道了。飯伏幸太是身體能力非常優秀的摔角手；Yoshihiko 據說也是身體能力非常卓越的摔角手。

雖然沒有人高聲指出這點，但是 Yoshihiko 怎麼看都是個情趣娃娃。不過設定上說他是個非常傑出的摔角手。

而這不管怎麼看都是個人類的飯伏幸太，以 Yoshihiko 為對手，進行了一場讓人連一奈米秒都無法轉開目光、緊握雙拳的摔角比賽。他看起來實在不像是在跟人偶對打，看起來就像是兩個人類在對戰一樣，我覺得飯伏幸太實在是個令人畏懼的摔角手。

摔角和其他格鬥技巧有著一線之隔，同時也與其他類型的運動都不一樣。

雖然其他運動當中的表演要素也很難說是零，但勝負還是壓倒性地優先於其他事項。就算比賽內容非常無聊，獲勝還是比較重要。沒有人會給個「雖然輸了，但真的非常有趣」的評價。

但是摔角卻是完全相反。比起運動家精神來說，表演者精神更為重要，與其獲勝，更應該要讓看的人感受到比賽的魅力。而職業摔角選手的專業我想就在於此。

如果是意識到觀看者而進行輸出，我認為就是像飯伏幸太與 Yoshihiko 的比賽。就算對手是人偶（抱歉啦），還是能將比賽作為一場娛樂性的輸出，飯伏幸太具備此一才能。

貨幣化需要一些功夫

大家聽過不良資產（distressed asset）這個詞彙嗎？這是從前高盛集團（The Goldman Sachs Group, Inc.）非常擅長的一種「輸出」方法。

一開始是以極為便宜的價格購買那些經營出現困難、瀕臨倒閉的企業。雖然被購買的公司是賤價出售，但對他們來說仍是很大的幫助。

而買的公司又會怎麼做呢？當然是趕快把這間公司弄倒。倒閉以後就把該公司持有的土地、桌椅、燈具、傘架、菸灰缸，有時候還連建築物拆掉之後的木材、磁磚、門把、窗戶等全部都賣掉。而銷售的金額若是能夠高於買下那瀕臨倒閉的公司所花的費用，就成功做了一筆小生意。

他們將瀕臨破產的公司這個一大團塊，花費功夫分解成椅子、菸灰缸、瓷磚等，然後分別賣掉，畢竟將拿到手的公司要再以公司的形式賣掉，也就是以輸入的方式直接輸出的話，想必也沒有買家賞臉吧。

將公司拆成小片的作業，有時候挺麻煩的。但若是不嫌麻煩，就有可能以輸出來將其貨幣化。

這不僅限於高盛集團，在當今的日本也有人在做這樣的買賣。有人會買下年份不到可以當古民家作為賣點的老房子，解體之後賣掉那些還不算太老舊的建材；也有人會把1本才100日圓的西洋書籍、在海岸免費撿來的貝殼，當成室內裝潢商品高價賣出。

這些都是針對那些尋找輸入物品的人，編輯過後再輸出。如果是為了貨幣化而進行輸出的話，這點念頭是絕對要放在心上。

不能單純地詢問「要不要買老房子呢？」而應該提出「要不要買頗為稀有、很有味道的建材呢？」。這是將他人過目即忘的現象一邊貨幣化、同時進行輸出的唯一方法。

第6章

將輸出高級化的對話術

從今天起也能提升溝通能力！

已資料化的資訊非常少

輸出要用SNS，輸入則從書籍及電視。

這些是最輕便且難度非常低的，因此，要開始的話就從這些著手。

相反地，會讓人感受到難度比較高的，就是由專家直接輸入、以及對著比自己還要清楚該領域的對象直接輸出吧。

無法暫停、快轉、稍微夾個書籤等等，也無法在感受到自己知識模糊的時候就立刻搜尋然後邊寫文章，必須在當下做出即時處理。

這種處理能力，不像演講或簡報等屬於單向行為，一旦成為對話，那就需要更高強的能力。

因此會有人覺得這非常麻煩、實在不想做，但我還是認為經由對話進行輸出與輸入會比較好，應該要這麼做。

理由還不少，首先是在輸出方面，會獲得許多語言以外的反應，這點相當重要。

對方是真心覺得自己說得有趣呢、還是有哪裡不好懂，只要觀察對方的反應就會馬上明白。表情、視線、姿勢是再明確不過的反應，對方是否打從心底覺得「真不錯！」是一目了然。

沒有比能夠容易明白的反應更優良的回饋了。如果一直得到這種回饋，那麼輸出自然也會做得越來越好。

而輸入方面，最主要的就是能夠獲得只有當下才能夠得到的資訊。

搜尋就能夠理解的，只有那些已經被資料化的東西；讀了就能夠明白的，也只有某個人寫下的內容。在這個世界上，到處充斥著尚未被資料化、也沒有文字化的資訊。平常很難發現那些事情，正是因為不太會接觸到沒有資料化或文字化的資訊。正因如此，這些資訊非常有價值。

所以，即時對人輸出及輸入具有非常大的意義。

寫著即時對人輸出及輸入會讓人覺得似乎非常難應付，但實際上來說，就是對話。和平常的說話不同之處，就在於當下有沒有意識到自己在進行輸出及輸入。

門外漢是最佳名片

以前我在《週刊東洋經濟》刊登連載的時候，為了採訪那些從大型企業、到只有內行人才知道的中堅企業而走遍各處。我的動機是想進入只有採訪才能進去的地方、見那些若不是採訪似乎不大能見到面的人。

採訪會有編輯與執筆者同席。這樣一來，對方會一邊警戒著他們的問題、一邊回答。我想這是由於他們對於書寫報導的專家會有警戒心。

但是，他們卻不太會對我有所警戒。大概就是覺得似乎有個好奇心十足的人跟著來了，會一直問一些有的沒有的問題，這樣的感覺吧。

如果覺得對方是輸出的生手，說話的人防禦就會降低。每次為了連載而到處採訪，我就會對這件事情體驗更深。閱讀這本書的大多數人，想必不會是採訪的專家吧。那真是太幸運了。這表示你們都處在一個非常容易開口詢問、很容易請人指導你的立場。

在聆聽某個人說話的時候，並不需要對於表示自己是個門外漢感到羞愧。當然由於對方是專家，必須要表示敬意，但正因如此，若是有想知道的事情，那麼就老實地詢問對方、請他告知就可以了。

另外，我希望大家知道，採訪是門外漢也能做的事情。

如果對於什麼事物有興趣、很想直接詢問對方的話，那麼就從 SNS 取得聯絡，詢問對方是否能夠空出時間就好，我是認真的這麼想。這種時候，也不用說自己是要採訪什麼的，就老實地說自己有興趣就好了。我想應該大多數人聽到有人對自己有興趣，應該不會覺得討厭的。

說不定對方很爽快就會答應見面。當然，大部分都會斷然拒絕。但是當中多少會有人答應見面。覺得會被拒絕因此就不去接洽的人如此之多，因此一定會有人對於特地來說想見面的門外漢有興趣的。

不要當新聞記者、要當綜合週刊記者

當我還是微軟社長的時候，曾見過好幾位新聞記者、雜誌記者，回應他們的採訪。畢竟那是工作，所以就算對方多少寫了有些錯誤的事情，我也沒有抗議。

唯一的例外就是我離職的時候。有一位全國規模的經濟新聞的記者，寫說我離職並非自願，而是由於美國方面的希望而遭到解雇。當然這是子虛烏有的事情。就只有那次我有正式提出抗議，但其他不管別人寫了什麼，我都不是很在意。

另外，我很喜歡觀察記者。他們會問什麼樣的問題、會如何推演話題、結果會寫成什麼樣的報導等等，我很喜歡觀察這些事情。

在他們當中有幾個人非常討厭脫離主線的話題。舉例來說，如果是要談今年的銷售策略，那麼就只想問今年的銷售策略，他們不喜歡我提「對了」來岔開話題。

但當中也有幾個人會緊抓著我說出「對了」的話題。他們應該是認為，接下來有可能會出現未知的話題。我現在仍保持往來的，就是這類記者。

在我離開微軟以後，不知為何與許多綜合週刊記者的往來也增加了。而我非常訝異這些人對於「對了」緊咬不放的情況。

我想事情應該是這樣的。

經濟記者會只看經濟、負責零售業的記者則只關注零售業界。但是，綜合週刊記者的採訪對象是所有人，他們並不會有那種「這個領域與我的工作絕對無關」的想法。

因此，他們對任何話題都抱持高度關心。畢竟是以輸出為前提，因此也非常積極輸入。

最誇張的時候，他們並不會單純提出「想要採訪」來進行輸入，而是直接詢問「有沒有什麼可以說的」，簡直像強迫推銷的店家一樣，或者提出「我們想做這樣的企劃、那樣的事情，不知道這個可不可以麻煩你」像是把我當成編輯部的一員，來找我「商量」這些事情。

但這倒也不壞。如果說是要採訪，多少會比較客套，但若說要找我商量事情，就會覺得那麼我輕鬆點回答也沒關係。我想，一般若是找人商量事情，也很少有人會直接拒絕吧。

我想週刊雜誌的記者都明白這個道理。

因此，在詢問別人事情的時候，不要像新聞記者那樣拼了命地逼問「請告訴我」、「快說」，而應該要像綜合週刊記者那樣。

對方的細節要在將見面前確認

如果成功定下約定、能夠見到想見面的那個人，我想勢必會調查對方吧。只使用網路調查會有些不充分，若是對方有寫書，那就務必要讀過。

在進行見面談話這個輸入行為以前，會發生預備性質的輸入。

不過，這個預備性質的輸入有個最適當的時機。就是將要見面前。

若問理由，當然是由於過早輸入的話，肯定會忘掉。非常遺憾，我們就是一種會遺忘的生物。

因此，預備性輸入要在將見面前執行。與其說是執行，不如說是再次執行。

舉例來說，在網路上查詢到的東西，去之前要再次複習。在去程電車上再看一次。讀過的書籍，就再讀一次貼上標籤的地方。

另外，絕對不可以沒有好好調查過對方的事情就去問話。與其說是這樣對他很失禮，不如說根本就是浪費時間。

對方並不知道你有多了解他。是什麼都沒查、在網路上查過了、還是連著作都閱讀過，對方都不知道。

因此，必須要不著痕跡地告訴對方，自己已經做過了哪些準備工作。

而這時關鍵就在於細節。

舉例來說，有個想要見我的人，他知道我生涯大半都擔任微軟的社長、現在經營 HONZ 這件事情等等，但是對方應該不知道我高中就讀北海道札幌西高等學校、女演員田中裕子與我是高中同學等。

因此，如果對方知道這些事情，那麼他應該調查了不少、或者對方也是札幌西高畢業生，這些事情我也能馬上明白。

這樣一來我就知道自己不必說明「我來自北海道」這種事情，只會打算說一些查了也找不到的事情。

若要稱讚人，就稱讚他輸出的東西

有時候可能會感受到，對方並沒有針對自己的問題好好回答、或者一直聊不到自己希望對方能告知的事情，理由可能是對方並沒有對自己敞開心胸。

當然會有這種情況。而無法敞開心胸的理由，通常都在詢問者身上。

人類在對方明瞭自己的瞬間會感到安心，同時也會有所警戒。對於說知道我是哪個高中畢業的人，我會非常感動、覺得對方調查得真詳細；但要是對方連我的國中、國小、當時班級導師是誰都知道的話，我一定會覺得這傢伙到底是什麼人哪。

對方知道自己的事情到什麼地步就會抱持警戒心，這個警戒線因人而異。因此，很難拉出一個界線，標出到某個程度為止，可以把自己掌握的事情都說出來、還是到什麼程度最好就不要表明。

不過，有個方法可以降低對方的警戒心。

那就是，表達出你非常尊敬對方的工作。

這個時候最重要的，就是尊敬的對象並非對方本人，而是他輸出的東西。

請想像你要和一位初次見面的工匠談話。對方很頑固、不愛說話、又是個對徒弟十分嚴格的師傅。

這樣的工匠，要如何才會對你卸下心防呢？

就算誇獎對方的臉龐或者身材，對方也只會當成客套話。

若是誇獎對方的作品價格非常昂貴，對方應該也只會覺得那又如何。

因此，要誇讚工匠輸出的東西。只要老實地說作品很美麗、很棒就可以了。

我在與農家對話的時候，對於這點感受特別深刻。

不管如何誇獎對方的農地完善等，他們也不會有什麼特別感受。因為他們輸出的東西，並不是美麗的田地。

他們所輸出的，是種在那裡的作物。

不管是小黃瓜還是番茄，如果他們當場採下來、將東西伸過來說「給你」，那麼除了當場滿懷感激享用以外，別無他法。

這種情況下，客氣推辭只會扣分。應該要好好地享用，並且給予對方具體且最大限度的讚美。

另外，很容易被遺忘的是，他們的輸出並不是只有作品以及作物。

如果那位工匠有徒弟、那農家有後繼之人，就應該要同時讚美徒弟及後繼之人。如果是這方面的誇獎，那麼誇哪兒都可以，就算只誇讚對方的存在也沒有關係。

這是由於人材也是培育之人的輸出品。

就算不是工匠或者農家，輸出能夠得到誇獎，絕對不會有人覺得討厭。如果要誇獎他人，就應該稱讚輸出的東西。為此當然必須得要先對於對方有哪些輸出項目稍微留心一下。

太平凡的疑問可以改變現場氣氛

比爾蓋茲到日本訪問的時候，曾到過微軟的辦公室。

當時微軟辦公室是在20層樓左右的建築當中。我記得櫃檯應該是在9樓，1樓是那棟建築物整體的大門，而9樓則是微軟的入口。

入口會放地墊，就是用來去除鞋底髒汙泥土的地墊。

當時在1樓和9樓的門口都有放地墊。

比爾蓋茲到9樓的時候看見地墊，就開口問道：「這個地墊一個月的租金要花多少啊？」

被問的人萬分訝異。大家都心想，創業者這是在嚴厲指責日本分公司浪費金錢，而且也沒人能當場回答出來。

但是，其實比爾只是單純想知道多少錢而已。他只是對地墊租金有興趣，因此想知道罷了。

過於簡單的問題，有時候會讓對方膽戰心驚。

這件事情我曾經忘掉一陣子，不過當我成了採訪的那一方，又慢慢想起這些事情。

其實不管是誰，只要有在意的事情，不論是多小的事情，一定都會想要當場就發問。但大家是不是很容易因為考量氣氛、在意流程等等，就把發問這件事情往後頭擺呢？

但是，那過於簡單的疑問，反而是個極佳的破冰船。如果原先氣氛非常僵硬，也會因為「居然是那個」而柔和下來。

不過，有時候可能因為問題太過細節，對方一時也無法回答。也許會得到「我再查查」、「之後回覆」等答案。

非常不可思議的是，對方越是專業人士，越會容易像是為了無法當下回答那個問題道歉，而願意告知許多尚未耳聞的事情。

若是把簡單的問題封鎖起來，那麼也可能會因此淹沒只有這時才能聽到的事情。

而且若是對方不能回答的問題，就會以無法回答為前提來迴避那個問題，所以並不需要覺得也許這是不能問的問題，就自己先閉上嘴。

畢竟你又不是在臥底或者偵訊證人，如果對方說了類似「無法回答」之類的話，那麼你只要回以「這樣啊」也就好了。

讓對方說出想說的話

人類這種動物，會聽自己想聽的、相信自己想要相信的、說自己想說的。聽想聽的事情，就表示會對不利於自己的事情充耳不聞；相信自己想要相信的，就會遠離那些一語道破的忠告。

相同地，人類不會說自己不想說的話。但是，如果是說了也沒關係的話題，在說完想說的話以後，就有可能會說出口。

因此，就算是對方不斷說一些與自己想知道的話題無關的內容，打斷對方絕非好方式。對於想表達些什麼的人，就只能讓他說。

等到他說完覺得滿足，說話的人就會發現只說了些自己想說的，都沒有提到來者想知道的事情。這樣一來，他的態度就會轉變為不管你想問什麼都儘管問吧。棒子就會交回聆聽者這邊。

如果不等到這個時間，就直接打斷對方的話題，打算詢問自己想知道的事情，那麼對方就會關上心門。

如果覺得對方一直說自己想說的事情、無法得知自己想知道的，這樣時間會不夠的話，那就想太多了。

了。

若是見面時間用完了，那麼用「我還有想詢問的事情」來約下一次就好

這樣一來下一次「採訪」的時候，就可以自己主動提出前一次談話當中所得知的細節，暗示那件事情已經談過了。

不過即使如此，也是有人不管見幾次面，他都只談自己想說的事情。這種情況，最好放棄自己一個人面對這件事情。

讓開朗的專家搭配上開朗的專家吧！

如果覺得靠自己一個人無法接招對方的話題，那麼就只好找援軍了。也就是召集願意和你一起去聽對方說話的人。不過，援軍並不是隨便找誰都可以，為了要能夠帶出對方輸出的東西，必須要好好挑選援軍才行。

好幾年前，我曾前去拜訪大阪大學研究所當中研究基本粒子、昭和48年[1]

生的橋本幸士教授。理化學研究所公開在 YouTube 上的談話、以及他的著作都非常有趣，因此我個人取得預約前往拜訪。

我非常喜歡科學相關的讀物，也讀過好幾本關於基本粒子的書籍。但是，我還是個門外漢，我沒有自信能讓40歲就成為阪大研究所教授的天才說出多少事情。

因此我又想到了另一位天才，就是仲野徹。

他是我在 HONZ 的夥伴，但本人也是阪大醫學系的教授、是病理學的專家。回想起來，我也是在網路上知道仲野先生的存在，悠哉悠哉地跑去見他。

和橋本先生見面的時候，我帶了仲野先生一起去。結果真是做對了。

到那個時候我才知道，原來仲野先生是第二位、還是史上最年輕成為阪大教授的人，同時也感受到大略都算是理科的他們之間，有一種不可見的階級制

1　西元 1973 年。

度類的東西存在。不管是哪件事情，都是沒有仲野徹這名援軍就無法得知的輸出事項。

不過，我並非單純將基本粒子物理專家和病理學專家湊在一起。其實這兩位專家，都是我所喜愛的，因此我預料他們應該會相當搭調。所以我也想聽聽看他們兩人的對話。

所謂我喜愛的，就是開朗的人。也就是非常享受與人對話的類型。

我不知道這個世界上有多少基本粒子和病理學的專家，但若是為他們打造一個開朗度排行榜，橋本先生和仲野先生肯定都是名列前茅的。因此我可以享受他們的對話。

不管有多少專業知識，有些人並不會為了享受對話而認為可以使用他們難得的知識。我不會委託這類人來當援軍。

反過來說，開朗的人會逐漸建立起聯繫網。

之後可能也會有我介紹的人，兩者在我缺席的情況下見面喝酒之類的，但我認為那完全沒有關係。我並不打算獨佔有趣的人。只要在我連繫兩者時，能夠獲得些許連繫兩者才能夠得到的輸出內容，那樣就夠了。

最近這兩個人似乎為了順便宣傳新書，還一起做了脫口秀。真是太好了。

不要接近不擅長應付的人

就像是不需要刻意做自己不擅長的輸出，也不需要勉強去帶出自己不擅長應付對象的輸出內容。因為在這個世界上，並沒有那種就算討厭也得去抓出來的資訊。

除非是調查未解決事件的搜查人員、又或者是打算揪出不法行為的記者等，否則並不需要面對不擅長應付的人，試圖讓對方說些什麼。基本上來說，只需要去和自己想談話的人說話就好。想和所有人都關係良好，根本不可能。

而且，如果要克服自己不擅長的東西，那麼很可能會因為輸入就感到滿足。和不擅長應付的人、討厭的人談了半小時；一小時都待在同一個地方因而感到滿足感、成就感，導致經常忘記是為了什麼而去做那個輸入。

讓人模糊了原先目的的成就感等，最好還是不要有。因此，不可以勉強自己去聽不擅長應付對象的談話。

如果有行銷人員在讀這本書的話，這部分我一定要大聲地告訴你，我打從心底希望你最好還能把這幾段字放大印刷出來，如果你要去賣東西給討厭的對象，就算是賣掉了，只要內心覺得非常討厭，那就是扣分。

這就像雖然不擅長應付、雖然很討厭，但也許有一天會用上，所以努力念書是一樣的情況。那種事還是別做的好。

這是因為內心存著也許有一天會派上用場、也許能夠賺錢的企圖。但是現實中若是能夠派上用場、又或者能夠賺到錢，那都是結果論。不喜歡也不快樂的事情，沒有辦法達成那種結果。

也許有天會派上用場、說不定能夠賺錢，但就算兩者都辦不到，卻覺得做起來非常開心、很有趣。如果沒有這類動機的話，不管是與人往來還是要輸出，任何事情都無法繼續下去。

正因如此，所以不該接近不擅長應付的人。

聚餐不適合收集資訊

人為何會喝酒？

我覺得首先是因為有酒放在那裡。不過，若問的是為何會邀其他人去喝酒，那就是因為想和那個人感情融洽。

首先，一起喝酒就表示會在同一個空間內共享一～兩小時、可以愉快聊天。如果是職場同事，雖然也會在一起好幾個小時，但不是這類關係的人，要特地打造出一個一小時都在同一個空間裡的情況，應該頗為困難。無酒精的用餐也許可以度過一小時，但很可能沒辦法超過兩小時。一起去看電影也許能超過兩小時，但當下並不能談話。因此在一起兩小時就是完整的兩小時，能夠一起快樂度過、帶來感情融洽結果的，就是喝酒。

目的是要與對方感情融洽，因此不適合用來輸入。

要從喝醉的對象身上拉出什麼資訊非常困難，而且最好不要這麼做。想問什麼事情，就不要晚上在小酒館裡問，而應該白天在會議室裡問才正確、也比較好寫筆記，只有好處沒有壞處。

如果喝了酒，那麼我方應該要輸出些東西比較好。這樣一來，喝了酒而心情甚佳的對象，可能會做出與平常不太一樣的反應。

這種和平常不太一樣的反應，很可能是沒辦法在對方清醒的時候帶出的反應。

輸出是會依照反應回饋來改變的東西，因此版本是越多種越好。這樣一來，可以的話最好是每天都和不同的人去喝酒，執行一樣的輸出行為，收集不同的回饋之後，將其反應在之後的輸出上。

因此，如果和某個人去喝酒，卻閉嘴不談任何事情就太過愚蠢了。最好盡量輸出。

另外，我若是自己邀人去喝酒，原則上我就會去結帳。如果是比較貴一點的店家，那我就會事先告訴對方，這樣對方才能不介意錢的事情來享用。

不過原則也有例外。就算是我開口邀請，有時也會均攤費用。但那僅限於場所是在大家都認為非常便宜的店家，我反而會刻意收取日幣１５００元。這並不是因為我小氣，而是因為我老是請客也會讓對方非常惶恐；而且對方會覺得，便宜店家反而要特地分攤費用的有趣人士，想來也不是個壞人。

失去會造成的困擾越大，此人越值得信賴

要盡量和有趣的人交往，如果可以的話也能介紹給其他人。

但是，當中也會有不好的傢伙，而且還是對於自己是個壞傢伙沒有自覺的壞傢伙，要看穿這種人真的非常困難。這是由於本人對於正在做壞事這點並沒有自覺，他非常深信自己是一個好人，所以很容易讓別人也如此認為。

因此，光是用看的、用聽的很難確定是否可以信任一個人。能夠明白的只有這個人不論性別、對於自己來說是否為喜歡的類型。

所以只好仰賴其他的判別方式了。

以我來說，我會將焦點放在那個人有什麼樣的資產。

舉例來說像是證照。

當中有一些非常驚人的類型，不過舊司法考試合格的律師、醫師等，他們為了獲得這類證照應該花費不少努力及用功。做個假設，這類人難道會想要從我身上詐騙１００萬嗎？

我想當然機率並不為零。但是，如果世間發現他盜取金錢這件事情，他就會失去現在的職業，會選擇風險如此高行為的人應該不多。如果持有一些失去就會非常困擾的東西，那麼應該就不會受到眼前的１００萬元迷惑。

當然那也還是會有例外，我也不是想告訴大家律師或醫師都是人格完美的人。

人際關係也是一種失去會非常煩惱的東西。

遵守人與人之間的約定，是理所當然的事情，當然也是因為不希望有人到處聲張自己不遵守約定。如果是工作方面的事情，我想應該不管是多麼討厭的事，應該大多數人都還是會完成吧。那是由於明白若是拋下這件事情，就會失去信用，而且再也無法挽回。

以這個意義上來說，用自己的名字做了好幾年工作的人是可以信賴的。如果那個人是會在工作半途就拋棄工作的人，那麼他應該沒有辦法一直使用自己的名字來以這份工作維生。而且應該也不想失去現在的立場。

如果那份工作，是可以在一片嶄新的土地上從頭打造出來的東西，那麼就算是背叛他人也能夠去尋求一片新天地，但其實那樣的工作並不多。

另一方面舉例來說，對50歲左右在大公司任職部長的人，我就會抱持懷疑態度。

這是由於已經可以預見他的未來。如果他是經營者候補的話，那麼就不在討論之列。但是被放在沒有出人頭地可能、沒有外派可能的狀況下，這種人就很危險。這種人特別容易在勝算不大的情況下放手一搏，而那種事情是必須要有「失去目前所有也無所謂」的必死決心才能完成，如此一來是否要信任對方並與之往來，就應該慎重評估。

對孩童影響最大的輸入，便是父母的樣子

毫不吝嗇且不斷輸出的有趣之人，周遭會聚集人群。輸出這件事情也能讓良好的輸入行為變得較為容易。

而對於輸出者本人來說最大的利益，就是比本人還要明顯受到良好循環影響的孩子。

在我的周遭，成為社會人士以後迅速成長的應屆畢業生，幾乎都是經營者的孩子。所謂經營者並不等於有錢人，我是指那些會在餐桌上生動談論資金周轉、裁員等話題，卻仍拼命經營公司、讓孩子看見他們這種樣子的父母。

另一方面，每天抱怨工作的上班族，他們的孩子則很難有所成長。孩子們看見的是父母前往他們不太能夠理解的公司這個地方，那個地方似乎非常無聊，但還是會為了錢而去，這種孩子無法成長。

因為他們對於工作的認真度不同。

經營者除了自己的人生以外，還背負著員工的人生，因此會對於工作非常認真。上班族在每天到公司這件事情上是非常認真，但是對於工作的內容，也許一開始是非常認真，卻由於定期的人事異動而重新適應職位等事情，逐漸失去熱誠。孩子會敏感地察覺這種氛圍。

政治家、老師、警察等經常會出現世襲的情況，那是因為孩子看著自己的父母，想要成為像父母那樣的人，所以才會選擇一樣的道路，而父母若也覺得那條路好，孩子就會繼續前進。

那麼，有孩子的上班族應該如何是好呢？

我認為應該辭掉工作，然後身體力行去經營，讓孩子看見何謂工作，所以應該自己開業。

我想應該會很辛苦、也可能會不太順利。或許收入還會比上班族時代少。

這聽起來是非常極端的理論，不過既然連大型銀行都表示他們正以萬人為單位裁員，我想影響應該會波及地方銀行、信用合作社等，最後會來到各中小企業，上班族人數也會劇烈減少吧。不可能一直維持上班族的身分。

是要等待被宣告不能當上班族的那天、還是早日自己下定決心，差別是非常大的。在第1章當中提到不會被AI搶走的工作，大多都是不隸屬於任何一間公司也能夠做的工作。輸出的方式雖然各式各樣，不過自行開業可說就是最能夠期待得到回饋的輸出了。

MEMO

MEMO

Super Output! 黃金輸出術 : 將輸入的資訊轉為「金錢」的輸出術! / 成毛眞著 ; 黃詩婷譯. -- 初版. -- 臺北市 : 八方出版, 2020.06
面 ;　公分. -- (How ; 87)
譯自 : 黃金のアウトプット術 : インプットした情報を「お金」に変える
ISBN 978-986-381-219-7(平裝)

1.資訊傳播

541.83　　109007977

2020年6月30日　初版第1刷　定價320元

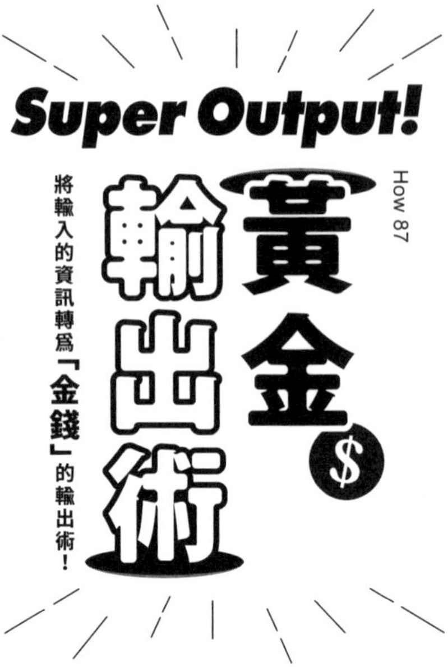

著者／成毛眞
譯者／黃詩婷
總編輯／賴巧凌
編輯／陳亭安
封面設計／王舒玗
發行所／八方出版股份有限公司
發行人／林建仲
地址／台北市中山區長安東路二段171號3樓3室
電話／(02)2777-3682
傳眞／(02)2777-3672
總經銷／聯合發行股份有限公司
地址／新北市新店區寶橋路235巷6弄6號2樓
電話／(02)2917-8022・(02)2917-8042
製版廠／造極彩色印刷製版股份有限公司
地址／新北市中和區中山路二段380巷7號1樓
電話／(02)2240-0333・(02)2248-3904
印刷廠／皇甫彩藝印刷股份有限公司
地址／新北市中和區中正路988巷10號
電話／(02)3234-5871
郵撥帳戶／八方出版股份有限公司
郵撥帳號／19809050